김성묵의

무지 쉽고
도움 되는

동양 철학
특강

김성묵의 무도 동양 철학 특강

김성묵 지음

한눈에 파악하는 동양 철학 길라잡이

'인문학의 위기.' 이젠 새롭지도 않은 말이 되어가고 당연한 말인 것처럼 들리기도 합니다. 고등학교에서 문과 학생 수보다 이과 학생 수가 더 많아지는 시대가 되었죠. 주된 이유는 이과가 취업 가능성이 더 높아서라고 합니다.

2014년 가을, 동양 철학과 관련된 책을 집필해보지 않겠느냐고 출판사에서 연락이 왔습니다. 정신없이 강의하며 지내는 저에게는 뭔가 멍해지게 만드는 동시에 어떤 욕심 같은 것이 치미는 제안이었죠. 인문학이 위기에 처한 이 시대에 학생을 가르치는 선생의 입장에서 내가 할 수 있는 일이 있지 않을까 싶었습니다. 15년 동안 '사교육의 첨병'이라는 대치동 강사로 살면서 어쩔 수 없는 자괴감이 들 때도 있었습니다. 이것을 만회해보려고 학교에 특강을 나가보기도 하고 EBS 강의도 수년간 해보았지만, 채워지지 않는 어떤 미안함과 아쉬움이 있었습니다. 그래서 단행본 집필에 욕심과 의욕이 생긴 것 같습니다.

졸저는 필자의 강의를 기반으로 만들어졌습니다. 학생들에게 '윤리'라는 수능 과목을 가르치면서 수능을 떠나서 좀 더 살아가는 데 도움이 될 수 있는 이야기도 하고 싶었는데, 그런 부분을 다시 정리하고 사실 관계도 재확인하며 책을 만들었습니다.

이 책은 동양의 대표적인 사상인 유학, 불교, 도가를 큰 줄기 삼아 공자부터 맹자, 순자 등 중국의 사상가들을 살펴보고, 아울러 한국의 사상과 이황, 이이, 정약용 등 우리나라 사상가들을 살펴보는 것으로 구성되어 있습니다. 이 책이 동양 사상의 큰 흐름을 잡는 길라잡이 역할을 하는 책으로 자리매김했으면 좋겠습니다. 또한 독자 여러분이 이 책을 통해 조금이라도 관심이 생긴다면 다른 좋은 책으로 옮겨 타서 좀 더 깊이 있게 동양 사상의 매력에 심취하시길 바랍니다. 철학에 관심은 있는데 어렵게 느꼈던 분들, 수능을 준비하는 학생들, 자녀들의 수험생살이를 좀 더 이해하고 싶고 함께하고 싶은 부모님들이 이 책을 꼭 읽어보셨으면 좋겠습니다.

교재를 만들 때마다 느끼는 것이지만 부끄럽고 아쉽습니다. 변명을 하기에는 노력할 시간이 없었던 것은 아닙니다. 독자들의 응원이 있으면 다행이고 그렇다면 다른 책도 꿈꿔봅니다. 경험이 쌓이면서 좀 더 좋은 책을 내놓을 수 있겠지 하는 희망을 품으며, 이 책을 잡고 있는 독자 여러분께 진심으로 감사드립니다. 이 자리를 빌려 부모님께 항상 감사하다는 말씀을 드립니다.

2015년 2월, 연구실에서
김성묵

동양 사상의 전개

동양의 대표적인 사상에는 어떤 것들이 있을까요? 학창 시절에 이렇게 외우신 적 있을 겁니다. '유불도', 기억나시죠? 대표적인 동양 사상인 유학, 불교, 도가의 앞 글자를 따서 '유불도'라고 불렀지요. 이 세 가지가 동양 사상의 큰 틀을 이룬다고 할 수 있습니다.

우리 중학교, 고등학교 교과서에도 유불도 사상이 자주 등장하는데, 순서가 왜 '유-불-도'인지 생각해보신 적 있나요? 불유도, 도불유, 불도유 등으로 해도 될 텐데 왜 하필 '유불도'일까요? '도불유'라고 하면 알파벳 'W'와 발음이 비슷해서 외우기도 쉬운데 굳이 '유불도'라고 부른 이유는 무엇일까요?

그건 바로 국사의 영향 때문입니다. 우리나라 역사에 영향을 많이 준 사상을 순서대로 나열하니 '유-불-도'가 된 것이지요. 유학이 가장 큰 영향을 끼쳤고, 그다음에 불교, 그리고 도교는 큰 영향을 미치지 못했기 때문에 '유불도'라고 부르는 겁니다. 그런데 지금은 국사 시간이 아니기에 대표적 동양 사상의 순서부터 다시 생각해봐야 하겠습니다. 윤리 사상을 공부할 때는 그 사상이 어느 시대에, 어떤 상황에서 어떤 원인으로 등장했는지, 그리고 그 해결책은 무엇이 있는지 등 그 사상의 시공간적 배경이 중요합니다. 그렇기에 대표적 동양 사상의 순서를 '유-도-불'로 바꾸어 살펴보는 것이 동양 사상을 전체적으로 이해하는 데 좋을 듯싶습니다. 유학과 도가는 중국의 사상이고 불교는 인도의 사상이므로 시공간적 차이에 따라 구분을 한 후, 유학과 도가는 비교철학 차원에서, 불교는 독립적으로 논하는 것이 좋겠습니다.

그럼 먼저 유학과 도가를 비교하며 살펴보겠습니다.

"克己復禮"
극　기　복　례

: 자기를 극복해 예로 돌아감.

"無爲自然"
무　위　자　연

: 전혀 손대지 않은 있는 그대로의 자연.

유학과 도가에는 공통점이 있는데, 두 가지 모두 중국 춘추전국시대에 나온 사상입니다. 춘추전국시대는 다시 춘추시대와 전국시대로 나뉘는데, 춘추는 '오패'라고 불리는 다섯 나라가 싸운 시대이고, 전국은 '칠웅'이라는 일곱 나라가 싸운 시대입니다. 춘추전국시대 이전의 중국 왕조는 주나라입니다. 이 주나라가 혼란에 빠져 허우적대던 시기가 바로 춘추전국이 되고, 그래서 춘추전국시대를 주나라 말기로 부르기도 합니다. 이 시기의 우리나라는 단군조선의 시대였습니다.

 춘추전국시대(기원전 770년 ~ 221년)

춘추전국시대는 주나라의 봉건 질서가 무너지고, 중국 대륙이 여러 나라로 나뉘어 끊임없이 병합 전쟁을 벌이던 시기였다. 당시 봉록의 세습제와 조세제도가 파괴되고, 서민이 해방되어 사유재산을 경영하며 부호가 됨으로써 고대 경제제도에는 대변동이 일어났다. 이에 전국시대 각국의 군주들은 자국의 부국강병을 이루기 위해 출신이나 신분에 구애되지 않고 능력 있는 인재를 구

했다. 이러한 사회적 배경 속에서 다양한 분야의 주장을 피력하는 사상가들이 탄생했는데, 이들
이 바로 제자백가이다. 이 시기부터 철기가 사용된다.

그런데 여러분, 우리 단군조선 시대의 기록이 뭐가 남아 있습니까? 단군신
화가 남아 있죠. 곰과 호랑이가 사람이 되기 위해 동굴에서 쑥과 마늘만 먹으
며 지내다가 호랑이는 중간에 도망친 반면 곰은 끝까지 버텨내 사람이 되었다
는 신화이지요. 그런데 같은 시기의 중국에는 신화가 아니라 사상이 남아 있는
겁니다. 게다가 그 사상은 매우 심오해서 현대의 우리가 이해하기도 쉽지 않습
니다. 참으로 안타까운 일입니다. 우리에게도 분명 뛰어난 문화나 사상이 있었
을 텐데, 남아 있는 게 신화와 같은 옛날이야기뿐이라는 점이 말이죠.

우리에게도 뛰어난 문화나 사상이 있었을 것이라고 추측하는 근거는 무엇
일까요? 저 옛날 공자는 "동방예의지국에 살고 싶다"는 글을 남겼습니다. "그곳
은 이미 내가 말하는 '예禮'가 가득 찬 곳이다. 저런 나라를 닮아야 한다"고 말
했는데, 그 동방예의지국이 바로 우리나라, 단군조선을 가리키는 말입니다. 그
래서 동쪽의 오랑캐(동이)들은 수준이 높은데 우리는 이게 뭐냐고 공자가 따지
는 겁니다. 그러니 우리의 사상적 수준이 더 높았을 수도 있다고 추측하는 겁
니다.

다시 춘추전국시대로 돌아와봅시다. 춘추전국시대는 정치적, 사회적 혼란
기의 상징입니다. 그래서 당대 학자들은 사회가 왜 혼란스러운지, 어떤 해결책
이 있는지에 대해 각자 목소리를 높여 주장을 펼쳤습니다. 그 가운데 대표적인

사상이 바로 유학과 도가입니다. 이들 외에도 법가, 묵가, 병가, 음양가, 농가, 명가 등이 있습니다. 그런데 그때나 지금이나 중국 사람들의 머릿속을 양분하고 있는 두 가지 사유 방식은 유학과 도가입니다. 유학적 사고, 도가적 사고라고 하는데 이 두 사고는 정반대의 입장을 취합니다. 도대체 어떻게 달랐기에 정반대라고 하는지 두 사상의 특징을 비교해보겠습니다.

유학의 대표적인 학자로는 공자, 맹자, 순자가 있습니다. 도가에는 노자와 장자가 있습니다. 그래서 유학을 공맹순 사상, 도가를 노장 사상이라고도 합니다. 그런데 보통 우리가 '유불도'의 세 가지 동양 사상을 일컬을 때 '유'는 보통 '유학'이라고 하고, '도'는 '도가'라고 합니다. 그리고 '불'은 '불교'라고 부릅니다. '불가', '불학'이라는 말은 못 들어보셨죠? 이건 또 왜 그럴까요? 아주 간단합니다. 유가는 학문으로 보는 겁니다. 학문적 의미가 강하다고 보기 때문에 '유학'이라고 부릅니다. 종교적 의미로 보는 사람은 '유교'라고 할 수도 있을 겁니다. 유가, 도가 할 때 '가'는 가문이나 학파를 의미하는 '家'입니다. 그러니까 도가는 도道를 강조하는 학파라는 의미로 이해하면 됩니다. 그리고 불교는 그 시작부터 종교적이었기 때문에 불교라고 하는 겁니다.

다시 주제로 돌아와, 본격적으로 질문을 던져보겠습니다. 중국의 유학과 도가 사상가들께 여쭈어봅시다. "도대체 이 춘추전국시대가 혼란한 이유가 뭡니까?" 이에 대한 유학의 공자와 맹자, 순자의 논리는 이렇습니다. 제도나 규범 같은 것들이 '훼손되어 미비하기 때문에' 시대가 어지러운 것이라고 합니다. 도가의 노자와 장자는 제도나 규범, 이런 것들이 '있기' 때문에 혼란스러운 것이라고 말합니다. 제도나 규범이 미비하다면 그것들을 더 만들면 되겠죠. 반면에 시대가 혼란스러운 이유가 제도나 규범 때문이라면 있는 것들을 빨리 없애야 해결이 됩니다. 결국 두 사상은 제도나 규범에 대한 입장이 완전히 반대입니다. 유학은 제도와 규범을 좋아하고, 도가는 그것들을 매우 싫어합니다. 그래서 싸우는 겁니다.

여기서 말하는 제도와 규범을 당시의 용어로 바꾸면 뭐가 될까요? 당시의 사회제도와 규범, 요즘 말로 하면 사회 시스템을 총칭하는 말이 바로 '예禮'입니다. 그러니까 '예'에 대한 입장 차이가 바로 유학과 도가의 차이입니다.

역사 속으로 들어가서 살펴봅시다. 주나라는 중국의 고대 왕조입니다. 그 이전에 하나라, 은나라, 상나라 등이 있었지만 나라의 체계를 제대로 갖추지는 못했는데, 주나라에 이르러 비로소 통치 시스템이 갖춰졌지요. 주나라의 통치 시스템은 한마디로 '예'였습니다. 그래서 '주례周禮'라는 말을 쓰는 겁니다. 이 '예' 안에는 굉장히 많은 것들이 담겨 있습니다. 주나라의 시스템 중에 가장 유명한 것이 봉건제입니다. 서양의 봉건제보다 훨씬 앞서 등장했는데, 이 봉건제는 곧 지방분권제입니다. 서양의 봉건제도는 계약관계, 정확하게는 '쌍무적 계약관계'입니다. 왕에게 충성을 맹세하고 그 대가로 봉토를 받는 것이죠. 그래서 누군가이 맹세를 깨면 계약관계가 끝납니다. 그러니까 서양은 원래부터 계약을 기반으로 한 사회였습니다. 그런데 주나라의 봉건제는 혈연관계입니다. 일가친척들에게 땅을 나누어주는 겁니다. 즉 동양은 원래부터 혈연을 기반으로 한 사회였지요. 어느 쪽이 더 안정적일까요? 가족일까요, 남일까요? 당연히 가족이죠. 우리끼리 나눠가지는 것이니 훨씬 안정적으로 유지됩니다. 이걸 굳이 깰 필요가 없는 거죠. 이렇듯 혈연관계를 기반으로 하는 제도나 규범이 많았는데, 이런 것들을 모두 모아 한마디로 '예'라고 했던 겁니다.

그런데 이 주나라가 흔들리고 약해지면서 지방에서 다른 가문들이 들고일어났습니다. 나라가 흔들리니 당연히 '예'도 흔들립니다. 사회 시스템이 흔들리는 거죠. 그 상황에서 유가와 도가가 등장해 떠들었습니다. 유가의 공자, 맹자, 순자는 다시 예를 갖춰야 한다고 소리 높여 주장했죠. '주례를 다시 세우자, 주로 돌아가자'는 주의입니다. 그들은 주나라를 아주 좋아했던 것입니다. 반면에 도가는 '주는 절대 싫다' 주의입니다. 예가 우리를 간섭하니 점점 혼란스러워진다고 생각하고 빨리 없애버려야 한다고 주장합니다. 요즘으로 치면 자유주의적 사고라고 할 수 있죠. 국가의 강압적 관리, 제도 등을 싫어하는 것이 도가의 사고입니다.

'예'는 원래 있던 것이 아니라 사람이 만든 것입니다. 인위적으로 만들어진 예가 우리를 괴롭히죠. 교통법규가 없다고 사람들이 차가 지나가는 길을 마구 건너겠습니까? 그러지 않을 겁니다. 차가 다니면 기다리다가 차가 없을 때 건너가겠죠. 하지만 교통법규 때문에 차가 없어도 우리는 지나갈 수가 없습니다. 그런데 새벽 두 시에 차가 한 대도 없는데 빨간불이니 건너갈 수 없다면 불편하지 않겠습니까? 노자와 장자의 사고는 이 부분을 지적합니다. 제도나 규범이 인간을 더욱 불편하게 만든다는 겁니다. 사람들 마음대로 하게 하면 알아서 자연스럽게 행동한다고 주장하죠. 굳이 규제하지 않아도 알아서 할 텐데, 법과 제도를 만들어놓고 지키니 안 지키니를 따져서 더 불편해진 것 아니냐고 이야기합니다. 그렇기에 노자와 장자는 '무위자연無爲自然'을 주장합니다. 인위적인 것은 됐고 자연스러운 게 좋다는 겁니다. 인위적인 것을 대표하는 것이 바로 '예'

입니다.

반대로 유학은 '예'에 '좋아요'를 누릅니다. 시스템이 없으면 사회가 혼란스러워지니 시스템을 더 잘 갖추고 살아야 된다고 합니다. 시스템을 잘 만들어서 완벽하게 다스려야 한다는 의미에서 유학에서는 '극기복례克己復禮'를 주장합니다. 예가 없으면 사람들이 악해지고 사회가 혼란스러워질 테니, 그런 혼란스러운 자신을 극복하고 예로 돌아가자는 겁니다. 즉 유학의 포인트는 '복례'이고, 도가의 포인트는 '자연'입니다.

'예'는 사회제도나 규범을 일컫습니다. 이 제도나 규범의 완벽한 집합체, '예'라는 운영 시스템에 의해 움직이는 단체가 바로 국가입니다. 이 국가를 이끌어가는 사람이 군주인데, 군주가 국가를 운영하기 위해 하는 행동을 '정치'라고 합니다. 유학에서는 이 국가와 정치를 아주 좋아합니다. 모두가 하나 되는 '대동사회大同社會'를 꿈꾸고 '활국구민活國救民'을 외치지요. 또한 정치를 할 때는 예로 다스려야 한다면서 '덕치德治'를 주장합니다. 도가에서는 국가를 매우 싫어합니다. 그래서 노자가 한 말 중에 '소국과민小國寡民'이라는 말이 있습니다. 나라는 작아지고 백성도 적어야 한다는 겁니다. 국가를 없앨 수 없다면 최대한 작아져야 한다고 주장합니다. 또한 '무치無治'를 내세우며 정치가 필요 없다고 이야기합니다.

핵심만 짚어보자면 유학은 제도, 국가, 정치에 긍정적이고, 도가는 부정적이라는 겁니다. 이것이 바로 유학과 도가의 차이입니다.

"空思想"
공　사　상

: 인간을 포함한 일체 만물에는
고정 불변하는 실체가 없다.

불교에서는 석가모니 한 인물만 알면 됩니다. 석가모니의 뜻은 무엇일까요? 석가모니는 어느 부족인지를 나타내는 이름으로, 석가족 출신의 모니라는 뜻이고, 모니는 성인을 가리킵니다. 석가모니의 원래 이름은 고타마 싯다르타인데, 그는 부족장의 아들이었습니다. 그런데 싯다르타가 자꾸 출가하려고 하자 부모님이 옆 부족의 부족장 딸 마야 공주와 결혼을 시킵니다. 하지만 싯다르타가 결혼 후에도 공주에게는 관심이 없고 계속해서 집을 나간다고 하는 바람에 부모님이 빨리 아이를 낳으라고 며느리를 꾀어, 결국 공주는 아들을 낳습니다. 인도에서는 아버지가 아들에게 이름을 지어주는데, 싯다르타는 아들에게 '아얄라'라는 이름을 지어주었습니다. 아얄라가 무슨 뜻일까요? 고대 산스크리트어로 '걸림돌'이라는 뜻입니다. 집을 나가야 하는데 아들이 생기니 인간적으로 고민이 되긴 했겠지요. 석가모니를 다른 말로 '붓다'라고도 합니다. '깨닫는다'는 의미에서 '붓다'라고 했는데, 이 말이 중국으로 넘어가면서 '부처'가 되었고, 이를 한 글자로 '불佛'이라고 하는 겁니다.

그럼 불교의 핵심은 무엇일까요? 불교 전체를 관통하는 부처의 한 가지 생각은 바로 '공사상空思想'입니다. '공'은 비었다는 뜻인데, 다른 한자로 하면 '유有'일까요, '무無'일까요? 비었다고 하면 보통은 '무'라고 생각할 텐데, 불교의 '공'은 없음을 가리키는 말이 아닙니다.

어려운가요? 예를 들어보겠습니다. 제가 얼마 전에 강남의 가로수길에 갔습니다. 강의업체에 제출할 프로필 사진을 찍을 때 입을 옷을 사려고 갔죠. 날씨가 추워지기 시작했던 날인데, 어떤 아저씨가 길에서 덜덜 떨면서 안경테를 팔고 계시더라고요. 그냥 지나치려다가 가격을 한번 물어봤더니 개당 2만 원이랍니다. 그래서 색깔별로 3개를 샀습니다. 그동안에는 항상 검은 안경테만 써왔는데, 프로필 사진을 찍으려고 이날 산 안경을 쓰고 다니니 사람들 반응이 괜찮았습니다. 그래서 렌즈까지 새로 해서 4개의 안경을 만들었습니다. 일주일에 한 번씩 바꿔가면서 쓰려고요. 매주 안경을 바꿔 쓰면 이번 주의 김성묵과 다음 주의 김성묵은 다른 사람이겠죠? 또 그다음 주의 김성묵도 다른 사람일 겁니다. 그러면 "김성묵은 이런 사람이다"라고 정할 수가 없게 됩니다. 왜냐하면 안경도 달라지고 옷도 달라지고 제 모습이 계속 달라지니까요. 그러니 저를 두고 "김성묵은 이렇다"라고 규정할 수가 없습니다.

어떤 사람이 지금은 착한데 어제까지 못됐었고 내일은 다시 못돼질 거라 칩니다. 그럼 그 사람을 착하다고 볼 수는 없죠. "어떤 사람이다"라고 규정할 수가 없는 겁니다. 그렇다고 그 사람이 없는 건가요? 그렇지는 않죠? '존재'는 있습니다. 그렇지만 어떤 사람을 규정할 수 있는 본질은 계속 바뀌어 정해진 것이 없습니다. 그럼 무도 되고 유도 되는 거죠? 존재는 있고 본질은 없으니까요.

세상의 모든 것들은 존재는 있지만 본질은 없습니다. 그러니까 인간은 있다고도 할 수 있고 없다고도 할 수 있는 것이죠. 부처님은 바로 이것이 '공'이라고 합니다. 있는 것도 있지만 없는 것도 있기 때문에 '있다', '없다'로 말할 수 없으니 '비었다'라고 하는 겁니다. 있긴 있지만 뭐라고 확정하고 규정할 수 없는 것을 '비었다'고 표현합니다. 그러니까 '공'의 의미는 '없다'가 아닙니다. 그래서 불교에서는 '무아無我'라는 표현을 씁니다. '나는 없다'는 거죠. 나라는 존재의 본질은 없다는 겁니다.

헷갈리죠? 그래서 질문을 던졌습니다. "나라는 사람이 있는 것도 아니고 없는 것도 아니면 도대체 이 세상을 어떻게 살아야 하는 겁니까?" 그랬더니 석가모니가 어떤 대안을 알려줍니다. 여기서 잠깐 석가모니의 인생을 살펴보겠습니다. 석가모니는 왕자님이었습니다. 그 시대 최고의 시설과 환경에서 떵떵거리며 살면서 인생의 쾌락을 맛봤을 겁니다. 철학에서의 쾌락은 편한 것, 즐거운 것, 만족감, 행복한 상황 등을 일컫습니다. 인생의 즐거움을 맛본 석가모니였지만 그 즐거움이 삶의 의미와 가치가 되지는 않는다는 생각에 회의가 들었고, 그래서 출가를 한 후 정반대의 삶을 살았습니다. 한 달 가까이 식음을 전폐하고 일부러 힘들게 살았습니다. 실제로 석가모니가 깨달음을 얻고 보리수에서 설법을 할 때는 몸이 최악으로 말라 있었습니다. 맨발로 다녀서 발이 다 갈라지고, 깊은 산속에 혼자 들어가 귀신을 만나기도 했죠. 스승들을 찾아다니면서 깨달음을 얻기 위해 스승들이 시키는 대로 했습니다. 이렇게 일부러 고행을 하다가 깨닫습니다. 어떤 깨달음을 얻었을까요? 둘 다 아니라는 것입니다. 쾌락도 맛봤고 고행도 해보았는데, 둘 다 좋지 않은 거죠.

불교TV 보신 적 있으세요? 저는 학생들을 가르칠 때 좀 더 쉽게 설명할 수 없을까 하는 마음에서 불교TV를 시청해봤습니다. 스님들이 나와서 설법을 하는데, 모든 설법에 이런 말이 나옵니다. "양극단적인 것을 하지 말라, 진리는 '중도中道'에 있다. 중간쯤에 올바름이 있다." 이게 부처님의 가르침입니다.

저는 헤비메탈 음악을 좋아합니다. 제 차에는 항상 '메탈리카'의 CD가 꽂혀 있습니다. 이런 음악을 들으면 제가 살아 있는 것 같고 심장이 뛰는 것 같습니다. 제가 왜 이런 음악을 좋아하는지 생각해보니 일종의 일탈인 것 같습니다. 저는 윤리 선생입니다. 할아버지는 한학을 하셨고, 아버지는 군대에서 교관을 하셨습니다. 이런 집안 분위기 때문에 저는 항상 참 바람직한 청년이라는 말을 들어왔고, 심지어 너무 예의를 차리니 부담스럽다는 이야기도 많이 들었습니다. 선배들과 술을 마시는데 한 선배가 저에게 윤리를 꼭 해야겠느냐고 묻더라고요. 후배 앞이니 편하게 있으려고 해도 왠지 똑바로 앉아야 할 것 같다고 하더군요. 나이가 들고 나니 그 이야기가 무슨 뜻인지 알게 되었습니다. 그 무겁고 부담스러운 느낌이 제 단점 같았고 저 스스로도 좋아 보이지 않았습니다. 그래서 헤비메탈 음악을 좋아하게 됐죠. 일종의 일탈이자, 해방감을 느끼게 해주는 도구라고나 할까요? 수업을 하러 갈 때도 음악을 들으며 기분을 올리려고 하고, 퇴근할 때도 음악을 듣는 것이 저에게는 일종의 휴식입니다.

이렇게 헤비메탈 음악을 좋아하는 저를 보면 석가모니는 좋아하실까요, 싫어하실까요? 아마 혼내실 겁니다. 너무 극단적으로 한쪽에 꽂혀 있다면서요. '중도'란 인생의 모든 행동에서 어느 한쪽에 꽂혀 그쪽으로만 가지 말고, 그 중간쯤의 길, 조화의 길로 가는 게 맞는다는 것입니다. 유도 무도 아닌 이 세상에서 유만 맞는다거나 무만 맞는다는 말은 틀린 겁니다. 어느 하나만 맞는다고 할 수 없으니 중간쯤으로 가라는 겁니다. 어떤 것이든 극단적이라면 맞지 않다는 것이 석가모니의 사상입니다.

그래서 중도는 '적절하다, 적합하다'라는 의미가 됩니다. 그런데 이게 산술적인 의미의 중간을 말하는 걸까요? 저는 수업을 할 때 쥐 죽은 듯이 조용한 걸 별로 좋아하지 않습니다. 자유롭게 대답하고 어느 정도 뒤척임도 있는 상태가 좋아요. 그런데 제가 "지금 강의실이 0데시벨이네. 이러면 안 되는 것 같아." 또는 "지금 너무 시끄러운데. 1000데시벨이에요. 이러지 말고 우리 500데시벨로 갑시다." 이렇게 말하면 이게 중도일까요? 누가 저한테 100만 원을 빌려줬는데 10년이 지나 돈을 갚으려고 합니다. 얼마를 갚는 게 적절한 걸까요? "100만 원 빌려줬으니까 100만 원 갚으면 적절한 것 아니야?"라고 생각할 수도 있습니다. 하지만 저는 적절하지 않다고 봅니다. 석가모니가 말한 적절함이란 수학적 적절함, 산술적인 중간이 아닙니다. 그 사람이 빌려준 100만 원이 제게는 1억의 가치가 될 수도 있습니다.

여기까지 동양 사상의 큰 축이 되는 세 가지 사상, 유학, 도가, 불교에 대해 전체적인 맥락을 살펴봤습니다. 유학과 도가는 같은 시대 상황 속에서 서로 반대의 입장을 가지고 나온 사상이고, 불교는 시대와 장소가 다른 곳에서 나온 사상입니다. 따라서 각각의 사상이 중요하게 내세우는 것이 있고, 같은 상황을 해결하는 방법도 다릅니다. 이제부터는 각 사상의 대표적인 사상가들에 대해 살펴보도록 하겠습니다.

1장

동양 사상의 흐름

공자 / 맹자 / 순자 / 법가 / 고자 / 묵자 / 노자 /
장자 / 불교 / 성리학 / 양명학 / 도교

공자孔子의 성은 공이고 이름은 구丘입니다. '자子'는 인물을 높여 일컫는 말로 '선생님'이라는 의미와 같습니다. 중국 사상가의 어머니 가운데 가장 유명한 분은 '맹모삼천지교孟母三遷之敎'로 잘 알려진 맹자의 어머니입니다. 그런데 공자의 어머니도 그 못지않게 대단하신 분입니다. 공자의 아버지는 공자가 태어난 후 바로 사망했고 어머니가 열심히 일을 하며 공자를 키웠습니다. 공자는 훗날 요즘으로 치면 법무장관 정도의 자리에 올랐고, 모략으로 인해 물러난 후에는 전국을 돌며 제자들을 모아 가르치다가 생을 마감했습니다. 그런데 공자의 출생에 의문스러운 점이 하나 있습니다. 공자가 태어났을 때 아버지의 나이가 70대였습니다. 그런데 공자와 공자 어머니의 나이 차이가 열일곱 살로 알려져 있습니다. 아버지가 70대인데 어머니가 스무 살이 안 됐다는 거죠. 그래서 이 관계에 대해 다소 논란이 있습니다. 어머니가 첫 번째 부인은 아닌 것 같다는 이야기도 있고 하녀였을지 모른다는 말도 있습니다. 또 다른 설로는 공자 아버지의 친구가 딸을 줘서 결혼하게 됐다는 말도 있습니다. 아무튼 어머니가 정상적인 결혼 상태에서 공자를 낳은 것 같지는 않습니다. 그런데 『논어』에 보면 공자의 어머니가 훌륭하시니 공자의 제자가 어머니에 대해 물으면 공자가 굉장히 화를 냈다고 합니다. 그러니 가정사에 약간의 아픔이 있다고 생각할 수 있는데, 그럼에도 불구하고 훌륭하게 잘 자라 위대한 사상가가 되었으니 참 대단합니다. 어머니가 공자를 어떻게 키웠는지 자세히 알려져 있지는 않지만 맹자 어머니와 견줄 정도는 되는 것 같습니다.

공자는 10대 후반부터 요즘으로 치면 아르바이트를 해서 돈을 벌었습니다. 공자는 주나라의 몰락한 귀족 집안 출신인데, 공자의 어머니는 귀족의 자식이니 예의를 알아야 한다고 생각해서 어려서부터 아들에게 공부를 많이 시켰습니다. 춘추시대에는 혼란을 틈타 손쉽게 돈을 번 졸부들이 있었는데, 이들은 자기 집안이 졸부가 아니라 원래 훌륭한 집안이었다고 내세우고 싶어했으나 예의를 잘 몰랐습니다. 예의를 제대로 보여줄 수 있는 것 중 하나가 제사를 성대하게 치르는 겁니다. 제사를 통해 우리 집안이 대단했었다고 과시해야 하는데 제사를 어떻게 치르는지조차 몰랐기 때문에 제사를 잘 아는 사람이 필요했습니다. 그러던 중 마을 사람들이 귀족 출신의 공구라는 아이가 공부를 많이 해서 제사를 제대로 알고 있다고 추천했습니다. 이때부터 공자가 졸부 집안에 채용되어 제사를 지내게 도와주고 대가를 받은 겁니다. 그 소문이 점점 퍼지면서 공자는 지식이 많은 사람으로 유명해졌습니다.

'유학'의 '유儒' 자는 '선비 유'입니다. 그런데 선비는 나중에 의역된 말이고 정확하게는 '지식인 유'입니다. 여기서 말하는 지식인이란 제사에 대해 많이 아는

사람을 뜻합니다. 결국 '유'는 공자를 말하는 거죠. 즉 유학은 공자의 학문이라
할 수 있습니다.

공자의 저서에는 어떤 것이 있을까요? 먼저 『논어』라는 책이 있습니다. '논
어論語'는 '말씀을 논한다'는 뜻입니다. 공자의 말씀을 논해보자는 것으로 공자의
제자들이 정리한 책입니다. 그다음 『예기』라는 책이 공자의 저서로 추측되는데,
'예기禮記'는 '예의를 기록했다'는 뜻입니다. 『예기』는 그 분량이 거의 백과사전만
큼인데, 이 책이 중간중간 없어졌습니다. 그래서 그 점을 안타까워한 '주자'라는
인물(나중에 성리학을 만든 사람이지요)이 『예기』에서 몇 가지를 빼서 따로 정리했
는데, 이 책이 바로 『대학』과 『중용』입니다. 『중용』은 공자의 손자가 지은 것이라
고 알려져 있는데, 공자의 말씀을 듣고 재정리한 책입니다. 그러니까 『논어』,
『예기』, 『대학』, 『중용』은 공자 또는 공자의 시대, 공자의 제자들이 쓴 책이라고
추측할 수 있습니다. 이 책들이 바로 진정한 유학의 내용이 됩니다.

"仁"
인

: 내면의 선천적 도덕성.

"禮"
예

: 외면적 사회규범.

그럼 공자는 도대체 무슨 이야기를 했을까요? 옛날 사람이니 고루하다고 생각할 수도 있겠지만 그 사상을 알게 된다면 달리 보게 될 겁니다. 공자는 2500년 전에 사회 혼란의 원인과 해결책을 이야기했습니다. 공자는 우리가 내면의 선천적 도덕성을 가지고 태어났다고 전제하고 시작합니다. 내면의 선천적 도덕성이 있다고 하면 무슨 설과 관련 있어 보이나요? '성선설性善說'의 냄새가 납니다. 사실 성선설은 맹자의 이론입니다. 그런데 이 성선설을 공자가 먼저 전제하고 있는 겁니다. 그래서 공자는 세상이 혼란스러운 이유가 이 내면의 선천적 도덕성을 상실했기 때문이라고 봤습니다. 한마디로 못되어졌다는 말입니다. 착한 마음을 갖고 태어났는데 이 착한 마음이 다 사라져 악해졌고, 악해진 우리끼리 싸우기 때문에 문제가 발생한다는 겁니다.

공자는 내면의 선천적 도덕성을 '인仁'이라고 했습니다. 결국 인을 잃어버렸기 때문에 혼란하다고 봤습니다. 원인을 알았으니 해결책도 바로 나오겠죠? 인을 잃어버린 것이 원인이니 인을 찾으면 해결이 될 겁니다. 인을 어떻게 회복할 것인가에 대해 공자가 제시한 방안은 바로 '예禮'를 실천하는 겁니다. 공자의 사상은 이게 전부입니다. 그런데 이렇게 끝나면 수박 겉핥기가 되겠지요? 인과 예의 깊은 의미에 대해서도 알아야 합니다.

공자의 말 중에 가장 유명한 것이 바로 '극기복례克己復禮'입니다. 인을 찾는 과정을 설명하는 말이죠. '기'는 자기 자신을 뜻하고 '극'은 극복한다는 뜻입니다. 자신을 극복하자는 건데, 여기서 자신은 나쁜 자신입니다. 인을 잃어버려서 못되고 욕심만 남은 나를 극복하고 복례하자, 즉 예로 돌아가자는 겁니다. 간단히 정리하면 '나쁜 마음을 누르고 예를 실천하면 다시 인을 찾아 혼란한 상황을 해결할 수 있다'는 말입니다. 극기복례를 통해 인을 회복한 사람을 공자는 '군자君子'라고 했습니다. 이 군자의 반대말은 '소인小人'입니다. 예의 실천이 모자라서 아직 인을 갖추지 못한 사람을 일컫는 말이죠.

그러면 인과 예는 무슨 관계일까요? 인은 원래 우리 안에 있습니다. 인이 있으면 자연스레 좋은 행동을 할 겁니다. 그 좋은 행동을 공자는 예라고 보았고, 인이 있으면 당연히 예가 나온다고 생각했습니다. 그런데 인이 없어졌기 때문에 예가 안 나오는 겁니다. 그래서 인을 되찾기 위해 거꾸로 가자고 이야기합니다. 인이 있는 척 일부러 예를 갖춘 행동을 하자는 겁니다. 인이 있다면 당연히 할 만한 행동을 억지로 실천하는 것이죠. 쉽게 말해 착한 척을 계속 하다 보면 자신도 모르게 버릇이 돼서 언젠가 다시 착해질 거라고 생각했습니다. 착한 척하는 것을 한자로 쓰자면 '위선僞善'이 됩니다. 그러니까 공자는 우리에게 위선을 갖추라고 하는 겁니다. 위선이라는 말에는 부정적인 의미가 있지만, 그래도 위선을 갖추고 착한 척, 겸손한 척을 하다 보면 인을 갖춘 진짜 착한 사람이 되지 않을까 하는 것이 공자의 생각입니다.

인이 내면의 도덕성이라면, 예는 남 앞에서 하는 여러 가지 행동들을 가리킵니다. 그러니 예는 내 마음 안에 있는 것이 아니라 밖에 있는 겁니다. 그래서 예는 외면적 사회규범, 쉽게 말해 윤리규범, 예절 등의 의미가 됩니다.

'예'는 유학을 하는 사람이라면 누구나 하는 말인데, 공자를 대표하는 한 글자는 바로 '인'입니다. 그래서 인에 대해 조금 더 깊게 살펴보겠습니다. 인은 '어질다'는 뜻입니다. 어질다는 건 착하다는 것과는 또 다른 느낌입니다. '착하다' 보다 더 교양 있고 높아 보이는 단어인데, 이걸 정의하기가 참 애매합니다. 그러니 어질다는 말은 잊어버리고, 공자가 한 말로 다시 정의해보겠습니다.

"仁者愛人"
인   자   애   인

: 인이 있는 사람은 남을 사랑함.

제자들이 공자에게 '인'이 무엇이냐고 물었습니다. 그러자 공자가 이렇게 말했습니다. "인은 별것이 아니라 '인간다움仁者人也'이다." 그런데 인간다움이라는 말은 더 어렵고 막연하기만 합니다. 그래서 제자들이 더 쉬운 말은 없는지 또 물었습니다. 그러자 공자는 "인은 '인자애인仁者愛人'이다"라고 말합니다. 남을 사랑하는 마음이 바로 인이라는 거죠. 결국 인은 사랑입니다. 그러니까 공자는 일종의 사랑 이론가라고 할 수 있지요.

여러분은 부모님, 형제, 친구들에게 사랑이란 말을 해본 적 있나요? 어릴 때는 "엄마, 사랑해", "아빠, 사랑해"라는 말을 많이 해봤을 겁니다. 저의 경우가만 생각해보니 나이가 어느 정도 들고 나서는 아버지께 사랑한다는 말을 해보지 않았는데, 지금 일흔이 넘으신 아버지도 아마 제가 그런 말을 하지 않기를 바라실 겁니다. 제가 "아버지, 사랑해요!"라고 하면 무슨 일 있느냐고 걱정

하실지도 모릅니다. 몇 년 전에 어머니께는 해본 적이 있는데 어머니도 쑥스러워하시면서 도망가시더라고요.

　　사랑이란 말의 의미는 뭘까요? 제가 초등학생 때 썼던 노트의 표지에 'Love is ○○○'라는 글귀가 쓰여 있었습니다. ○○○에 들어가는 말은 노트마다 달랐는데, 제가 모았던 노트에는 ○○○ 자리에 together, touch 등이 들어가 있었습니다. 그렇다면 사랑이 도대체 뭘까요? 공자가 2500년 전에 내렸던 사랑의 정의를 한번 살펴봅시다.

"愛=恕(如+心)"
애 서 여 심

: 사랑은 마음이 같아지는 것.

공자가 말하는 사랑의 첫 번째는 '효제충신孝悌忠信', 즉 부모에게 효도하고孝, 형제자매와 우애하고悌, 타인을 믿는信 것입니다. 하나가 빠졌네요. 충忠은 충성한다는 말이니 임금에게 충성하자는 뜻일까요? 아닙니다. '충'을 해자해보면 '가운데 중中'과 '마음 심心' 자로 되어 있습니다. '마음 한가운데'라는 말이죠. 그래서 '충'은 마음 한가운데서 우러나오는, 온 마음을 다하는, 진심 어린, 이런 뜻이 됩니다. 즉 공자가 이야기하는 사랑은 부모님께 효도하고 형제들과 우애 있게 지내며, 주변 사람을 믿고 사랑하며, 그리고 원하는 바를 이루기 위해 정성을 다하고 진심으로 대하는 것입니다.

그런데 이래도 감이 잘 안 와서 제자들이 더 쉽게 정의해달라고 요청했습니다. 그러자 공자는 한마디로 말했습니다. '서恕'. '용서할 서' 자인데 용서한다는 뜻으로 쓰인 것이 아닙니다. '같을 여如'와 '마음 심心'이 합쳐진 글자입니다. 공자는 사랑이란 마음이 같아지는 것이라고 말합니다. 마음이 같아진다는 건 다른 사람과 내가 한마음이 되는 겁니다. 그래서 학자들은 이 말을 '다른 사람을 이해하는 것'으로 해석했습니다. 이해하니까 배려하게 되고, 배려하니까 관용하게 되는 겁니다.

공자의 말을 정리하면 '인'은 '사랑'이고, '사랑'은 '이해하는 것'입니다. 다시 말하면 사랑은 상대의 마음이 되어보는 것입니다. 그것이 상대를 진심으로 사랑하는 길입니다. 이게 2500년 전 공자의 말씀입니다. 2500년 전 인물인 공자가 지금 우리에게 사랑의 본질에 대해 가르쳐준 것입니다. 제가 40년을 살면서 누구를 진심으로 이해해본 적이 있었나, 그 사람의 마음이 되어본 적이 있었나 돌이켜보면 한 번도 없는 것 같습니다. 사랑한다고 입으로만 말한 거죠. 이렇듯 공자가 제시한 혼란을 해결할 수 있는 방안인 '사랑'을 2500년 동안 사람들은 잘 실천하지 못한 겁니다.

그런데 이렇게까지 이야기해도 제자들이 못 알아들었습니다. 그래서 공자가 덧붙여 이야기했습니다. "'추기급인推己及人'하라." '추기'는 나에게 끌어오라는 뜻입니다. 뭘 끌어오면 될까요? 앞에 빠진 말이 있습니다. 상대의 마음, 상대의 입장을 나에게 끌어오는 겁니다. 결국 상대방이 되어보라는 거죠. 그리고 '급인', 그 마음으로 상대에게 다가가라, 즉 이해하라는 말입니다.

이제 공자가 말하는 사랑이 어떤 것인지 느낌이 오죠? 마침내 감을 잡은 제자들이 이제 실천을 하러 나가려 하자 공자는 제자들을 붙잡고 실천하기 위한 방법을 말합니다. "사랑은 점진적이고 순차적이다." 말이 좀 독특합니다. 의미를 생각해봅시다. 세상에는 아버지들이 참 많습니다. 그럼 저는 제 아버지를 먼저 사랑하면 될까요, 남의 아버지를 먼저 사랑해야 할까요? 아니면 모든 아버지들을 동시에 사랑해야 할까요? 이것에 대해 공자는 내 아버지를 먼저 사랑하고, 그걸 확대해서 주변의 어른들을 공경하고, 나아가 세상의 모든 어른들을 공경하라고 합니다. 순서가 있다는 것이죠. 그러니까 가족이 중심에 있는 가족주의이기도 합니다. 또한 인간을 먼저 사랑하고, 그다음에 동물, 식물, 그리고 만물을 사랑해야지, 처음부터 만물을 사랑하고 다시 인간을 사랑하는 건 안 된다고 합니다. 즉 공자의 사랑은 순서가 있는 사랑입니다.

공자가 이야기하는 사랑의 두 번째는 분별적, 차별적 사랑입니다. 아무나, 아무것이나 막 사랑하지 말라는 뜻입니다. 인간이니까 무조건 다 사랑해야 한다는 것이 아닙니다. 아이가 잘해도 예뻐하고 버릇없이 막 해도 예뻐하는 건 사랑이 아니라는 겁니다. 공자는 구별이 필요하다고 말했습니다. 누구는 예쁘니까 사랑하고 누구는 안 예쁘니까 사랑하지 않는 이런 차별이 아니라, 잘잘못을 가려서 구분하여 사랑하라, 잘할 때는 칭찬해주고 못할 때는 혼내면서 사랑하라는 것입니다. 자식이 예쁘다고 무조건 칭찬만 해주면 그 자식은 망가질 수 있습니다. 잘못했을 때는 혼내기도 하는 것이 진짜 사랑이라는 겁니다. 그러니 어떻게 보면 유학에서 말하는 사랑은 다소 깐깐합니다. 아울러 유학의 입장에서는 사랑의 매가 가능합니다. 사랑할수록 잘못했을 때는 엄하게 다스리고 한 대 더 때리는 게 진짜 아끼고 사랑하는 것이라고 할 수 있습니다.

그러면서 사랑은 보편적으로 해야 한다고 합니다. 앞서 남의 입장에서 이해를 하라고 했는데, 이때 나와 남이 차이가 있는 것이 아니라 동등하게 사랑해야 진짜 사랑이라고 말합니다. 정리해보자면, 공자가 이야기하는 진정한 사랑은 점진적이고 분별적이며 보편적인 사랑입니다.

“己所不欲勿施於人”
기 소 불 욕 물 시 어 인

: 자기가 하기 싫은 일은
남에게도 시켜서는 안 된다.

마지막으로 공자의 말 중 유명한 것을 하나 더 살펴보고 넘어가겠습니다. 기소불욕물시어인己所不欲勿施於人, '내가 하기 싫은 일은 남에게도 시켜서는 안 된다'는 뜻입니다. 춘추시대의 유학자인 자공子貢이 공자에게 평생 동안 실천할 수 있는 한마디의 말을 부탁했습니다. 그러자 공자가 '서恕'를 이야기하면서 이 말을 했습니다. 남과 나를 똑같이 생각하라는 겁니다. 나만 좋은 일을 하지 말고, 내가 하기 싫은 일은 남에게도 시키지 않는 것이 바로 사랑의 시작이라는 겁니다. 이것이 공자가 말하는 사랑을 실천하는 길입니다.

단　기　지　계

: 베틀 위의 베를 끊어 경계함.

'맹자' 하면 가장 먼저 떠오르는 것은 성선설과 어머니입니다. 맹자의 어머니는 '맹모삼천지교^{孟母三遷之敎}'라는 이야기로 잘 알려져 있죠. 그런데 이것 말고도 맹자 어머니의 가르침 중에 정말 멋있는 고사성어가 있습니다. 바로 '단기지계^{斷機之戒}' 또는 '단기지교^{斷機之敎}'라는 말입니다.

맹자가 어려서부터 공부를 잘하자 어머니는 아들을 유학 보냈습니다. 훌륭한 선생님을 찾아다니면서 배우라고 했죠. 그런데 어느 날 밤에 맹자가 불쑥 집에 돌아왔습니다. 무슨 일이냐고 물으니 맹자가 "힘들기도 하고 엄마도 보고 싶고……"라고 대답했습니다. 그 말을 들은 맹자의 어머니는 알았다고 하면서 짜고 있던 베를 가위로 잘라버렸습니다. 맹자는 깜짝 놀랐죠. 며칠 밤에 걸쳐 짠 것인데 중간에 잘라버리면 옷감으로 쓸 수가 없고 전부 버려야 하잖아요. 맹자가 어머니에게 왜 그러시냐고 물으니 어머니가 이렇게 대답하셨다고 합니다. "공부하다가 힘들다고 중간에 온 너나, 베 짜다 말고 중간에 자른 나나 똑같지 않느냐?" 어머니의 말씀을 듣고 맹자는 그날 밤 다시 공부하러 갔다고 합니다.

맹자의 어머니는 아들 때문에 이사를 세 번이나 했다고 하죠. 이사 세 번이 별건가 할 수도 있지만, 그 시절에는 아마 평생 살면서 이사 한 번 안 해본 사람들이 대부분이었을 겁니다. 그렇다면 맹자 어머니는 무엇을 위해 세 번이나 이사를 했던 것일까요? 맹자가 시장 근처에 살았을 때는 매일 장사하는 흉내를 냈고, 묘지 근처로 이사를 갔더니 매일 장례 치르는 흉내를 냈죠. 그래서 어머니가 서당 옆으로 이사를 하자 맹자가 드디어 글 읽는 흉내를 냈는데, 그런 아들을 보며 맹자 어머니는 맹자가 훌륭한 인품을 지닌 사람이 될 것이라고 생각했습니다. 다시 말해 맹자 어머니의 교육 목표는 바로 인격의 완성이었습니다.

지금 우리의 현실과는 상당히 다른 모습입니다. 요즈음 어머니들이 가장 많이 하시는 말씀이 바로 "공부해서 남 주냐?" 혹은 조금 멋지게 포장해서 "지금 잠을 자면 꿈을 꾸지만, 지금 잠을 안 자면 꿈을 이룬다" 이런 것들이죠. 그런데 공부해서 남 준다는 말은 잘못된 말인 듯싶습니다. 공부는 해서 남을 주

는 겁니다. 공부를 많이 해서 자기가 갖는 게 아니라, 내가 많이 알고 그걸 사회 발전을 위해 쓰는 겁니다. "나만 알고 끝!" 이러면 배운 것을 어디에 써먹겠습니까? 그래서 저는 공부는 남 주려고 하는 것이라 생각합니다.

저는 요즘 부모님들이 자녀를 교육시키는 기본 목적이 조금 잘못되어 있지 않은가, 라는 생각을 해봅니다. 요즘도 교육 때문에 이사를 다니죠. 강남권으로 이사하는 목적의 80%가 교육 때문이라고 합니다. 맹자의 어머니든 오늘날의 어머니든 이사를 하는 건 같은데 그 목적도 과연 같을까요? 입시설명회에서 어머니들을 만나보면 그렇게 이사 다니고 설명회를 쫓아다니는 이유가 자식의 출세와 성공과 행복 때문이라고들 이야기합니다. 하지만 살아가면서 출세하고 성공하는 게 반드시 행복으로 이어지는 것은 아닙니다.

그래서 맹모삼천지교에 대해 다시 생각해봐야 합니다. 분명히 부모님들도

학창 시절에는 "행복이 성적순은 아니잖아요!"라고 외쳤을 겁니다. 그런데 부모가 되고 나니 "행복은 성적순이야!"라고 외치게 되는 거죠. 여러분도 나중에 부모가 되었을 때 여러분의 자녀들에게 어떤 이야기를 해줄 수 있을지 고민해볼 필요가 있습니다.

그렇다고 제가 대학에 가지 말라거나 대학을 부정한다는 이야기는 아닙니다. 저는 대학교에 가서 새로운 것들을 정말 많이 배웠고, 진짜 공부라는 걸 해본 것 같습니다. 학창 시절 공부했던 교과서에 잘못된 것이 아주 많다는 것도 깨달았습니다. 그러고 나서 내가 100을 알면 세상이 100만큼 보이고, 1000을 알면 1000만큼 보인다는 걸 알았습니다. 물론 아직도 알아야 할 게 훨씬 더 많습니다. 그래도 알면 알수록 '나는 이걸 하면서 사는 게 좋겠구나'라고 느끼게 되는 것 같습니다. 그런데 고등학생 때는 자신이 무얼 하며 살고 싶은지 확실히 파악하는 친구들이 많지 않습니다. 사실 그 시절에는 아는 게 너무 적고 정보도 많지 않으니 진로를 결정하기가 어렵죠. 그런데 대학교에서 공부를 하다 보면 자신에게 맞는 것을 찾아가면서 성장하게 되기도 합니다.

그러니까 아직 어떻게 살아야 할지 방향을 못 잡았다면 대학교가 좋은 선택이 될 수 있습니다. 공자는 15세에 학문에 뜻을 두었다고 하는데, 그건 공자 시대 이야기입니다. 세상이 달라졌습니다. 공자 시절에는 평균 수명이 50이 안 됐습니다. 그러니까 15세에 뜻을 세워야 했겠지요. 그런데 지금은 100세 시대라고 하고 평균 수명이 80이 넘습니다. 그러니 20대 초중반, 30세 안에만 뜻을 세우면 되는 것 같습니다.

어쨌든 맹자 어머니의 교육은 그 열성에 주목할 것이 아니라 그 목표에 주목할 필요가 있습니다. 맹자 어머니의 교육 목적이 자식이 사람답게 사는 것이었다면, 요즈음은 하고 싶은 일을 스스로 찾고 도전하면서 그 안에서 진정한 행복을 찾을 수 있도록 하는 것이 진짜 교육의 목표가 되어야 하지 않을까 생각합니다.

"惻隱之心"

측 은 지 심

: 남을 불쌍하게 여기는 타고난 착한 마음.

"羞惡之心"

수 오 지 심

: 자기의 옳지 못함을 부끄러워하고
남의 옳지 못함을 미워하는 마음.

"辭讓之心"

사 양 지 심

: 겸손하여 남에게 사양할 줄 아는 마음.

"是非之心"

시 비 지 심

: 옳음과 그름을 가릴 줄 아는 마음.

맹자의 사상을 본격적으로 살펴보겠습니다. 맹자는 '성선설'을 주장했습니다.

맹자는 우리의 마음, 본성을 '성性'이라고 했는데 이 성이 선하다고 했습니다. '4단端'을 통해 그것을 설명합니다. '단'은 단서라 할 수 있는데, 우리의 본성이 착하다는 4가지 단서가 있습니다. 이 4가지 단서가 태어날 때부터 이미 우리 마음에 자리하고 있다는 겁니다. 그래서 우리는 이 4가지 단서만 분석해보면 됩니다. 이 단서들이 선하면 우리 마음이 선한 거고, 못됐으면 우리 마음도 못된 것이지요.

이 4가지 단서는 많이 들어봤을 겁니다. '측은지심惻隱之心', '수오지심羞惡之心', '사양지심辭讓之心', '시비지심是非之心', 이 4가지가 우리 마음에 있습니다. '측은지심'은 남을 불쌍하게 여기는 마음, '수오지심'은 자신의 옳지 못함을 부끄러워하고 남의 옳지 못함을 미워하는 마음, '사양지심'은 겸손하여 남에게 사양할 줄 아는 마음, '시비지심'은 옳음과 그름을 가릴 줄 아는 마음입니다. 맹자는 이런 마음들이 태어날 때부터 우리 안에 있다고 이야기합니다. 그러면 우리의 본성은 착할까요, 악할까요?

더 들어가 살펴봅시다. '측은지심'과 연관된 게 '인仁'이고 '수오지심'은 '의義'와 연관되어 있습니다. '사양지심'은 '예禮', '시비지심'은 '지智'와 연관됩니다. 그래서 이 '인의예지'를 '4덕德'이라고 합니다. 인의예지가 우리 마음에 있다는 겁니다. 남을 불쌍해하는 마음, 양보하는 마음, 부끄러워하고 미워할 줄 아는 마음, 옳고 그름을 가리는 마음이 기본적으로 우리에게 있는데, 모두 좋은 것이죠? 그러니 우리는 선하다고 할 수 있는 겁니다.

그중 가장 많이 이야기되는 것이 측은지심입니다. 타인의 불행을 보면 불쌍해하고 안타까워하는 마음이죠. 해돋이를 보려고 포항 호미곶에 갔는데, 누군가가 바다에 빠져 허우적대며 "사람 살려!" 하고 외치고 있습니다. 그 모습을 그냥 보기만 하며 "저 사람 곧 죽겠네" 하는 생각만 하게 될까요? 아마 그런 사람은 하나도 없을 겁니다. 해가 뜨기 전이라 깜깜해서 누군지도 모르는 상황일지라도 남성분들 가운데 의욕이 넘치는 사람은 옷을 벗고 물속으로 뛰어들어 갈 겁니다. 또 누군가는 경찰서나 소방서에 신고를 하고, 발을 동동 구르며 안타까워할 겁니다. 모르는 사람이 불행한 일을 당했는데 우리도 모르게 안절부절못하고 있는 겁니다. 그게 바로 측은지심입니다.

이 측은지심은 자제가 안 됩니다. 상황이 발생하면 자기도 모르게 튀어나오죠. 그래서 '불인인지심不忍人之心'이라고도 합니다. 참지 못하는, 자제가 안 되는 인간의 마음이라는 뜻입니다. 타인의 불행 앞에서 자연스럽게 안타깝고 속상한 마음이 나오는 겁니다. 그러면 우리는 착하다고 볼 수 있는 것 아닐까요? 저는 바다로 예를 들었는데 맹자는 우물로 이야기했습니다. 아기가 우물에 빠졌다면 그냥 지나가는 사람이 어디 있겠느냐고 합니다. 어떻게 해서든 구하려고 하겠죠. 인간에게는 선천적으로 타인의 불행에 대해 도와주려는 마음이 있기 때문에, 태어날 때부터 '인의예지'를 갖추고 있기 때문에 인간은 착한 존재라고 이야기합니다. 인간이 착한 존재라면 사회가 혼란스러울 수 없을 텐데, 왜 그 시대는 그렇게 어지러웠을까요?

"浩然之氣"
호 연 지 기

: 세상에 꺼릴 것이 없는 크고 넓은 도덕적 용기.

맹자가 보는 혼란의 원인은 공자의 시각과 같습니다. 인의예지를 가지고 태어났지만 이를 상실했다는 겁니다. 특히 인과 의를 상실한 것이 혼란의 원인이라고 했습니다. 또 그중에서도 의를 상실한 게 문제라고 했습니다.

'의義'는 정의, 옳음, 즉 올바른 일을 할 수 있는 용기를 가리킵니다. 맹자는 우리가 정의, 옳음을 상실했다고 합니다. 이게 무슨 말일까요? 제가 학생들을 가르치다가 한 학생을 찍어서 계속 물어보고 괴롭혔습니다. 그런데 쉬는 시간에 다른 학생이 와서 저에게 이렇게 알려주네요. 그 친구를 계속 괴롭히면 선생님이 위험해질 수 있다고. 그 친구가 동네에서 싸움을 가장 잘하는 학생이라나요. 그 이야기에 지레 겁을 먹은 저는 다음 시간에 들어가서 그 학생에게 굉장히 잘해줍니다. 수업 시간에 교실을 막 돌아다니고 엎드려서 푹 자도 아무말도 못합니다. 다른 학생들에게 피해가 가는데도 저는 그 학생이 무서워서 아무 일 없는 것처럼 그냥 둡니다. 그 학생을 잘못 건드려 화를 돋우면 큰일 날 테니까요. 이런 저의 모습이 바로 의를 상실한 모습입니다. 옳은 일을 할 수 있는 용기가 없는 거죠.

인적이 없는 길을 걸어 집으로 돌아가고 있는데, 아파트 현관 앞에서 학생 일곱 명이 모여 담배를 피우고 있습니다. 끽해봐야 중학교 2, 3학년으로 보이는 아이들이 말이죠. 그 학생들에게 뭐라고 해야 합니까? "너희들 뭐야! 어린 녀석들이 담배를 피우고 있어? 학교가 어디야?" 이렇게 말할 수 있을까요? "좀 비켜줄래요? 나 들어갈 건데……" 이렇게 말하게 되지 않을까요? 사실 저도 고민입니다. 고등학생들이 길을 지나다가 저에게 "아저씨, 담배 한 대 빌려주세요" 하면 야단을 쳐야 할까, 아니면 그냥 빌려줘야 할까. 지금 생각 같아서는 그런 상황이 오면 학생들의 이름표를 떼어버릴 겁니다. 이름표를 떼면 그걸 들고 학교로 찾아간다는 뜻이니 학생들이 살짝 겁을 먹지 않을까요? 그런데 조금 더 나이가 들면 그마저도 할 수 있을까 싶습니다. 이런 고민을 하게 되는 이유가 바로 의를 잃어버렸기 때문입니다. 쉽게 말하면 상대에게 겁먹었다는 거죠.

그러면 우리는 어떻게 해야 할까요? 맹자는 '의를 모으자'는 뜻에서 '집의集義'라는 말을 했습니다. 즉 계속 용기를 내보라는 겁니다. 싸움 잘하고 막나가는 학생이 수업에 방해가 되면 그냥 두고 보는 게 아니라 용기를 내서 그러지 말라고 지적하는 겁니다. 그러면 차츰 용기가 쌓이고 그러다 보면 "너 이 녀석, 왜 그래? 그러는 거 아니야!" 하고 말할 수 있게 된다는 겁니다. 용기를 내서 말하다 보면 용기가 쌓이고 '집의'하게 되는 겁니다. 맹자는 이것을 '호연지기浩然之氣'라고 했습니다. 그리고 이 '호연지기'를 쌓은 사람을 '대장부'라고 불렀습니다.

그러니까 맹자의 철학은 남성적이라고 볼 수 있습니다. 의로운 것을 강조하고, 호연지기를 길러 대장부가 되자고 합니다. 남성적이고 호탕한 느낌과 말투의 철학이 바로 맹자의 사상입니다.

"惻隱之心仁之端也"
측 은 지 심 인 지 단 야

: 남을 불쌍하게 여기는 마음은 인의 실마리이다.

맹자는 성선설을 주장하면서 4단과 4덕에 대해 이야기했습니다. 그런데 중요한 포인트는 4단과 4덕 중에 본성은 무엇이냐, 이 두 개가 어떤 관계 속에 있느냐 입니다. 시대가 흐른 뒤 후배 학자들이 이 문제를 두고 싸우게 되는데, 그렇다면 맹자는 어떻게 이야기했고 후배 학자들은 어떻게 해석을 했는지 살펴보겠습니다.

결론을 먼저 이야기해보자면, 맹자는 이 문제에 대해 말을 한 적이 없습니다. 더 정확하게는 맹자가 한마디 하기는 했는데 그 뜻이 너무 애매합니다. 맹자가 '측은지심'과 '인'의 관계를 설명한 문장이 딱 하나 있습니다. 측은지심인지단야惻隱之心仁之端也, '측은지심이란 인의 단이다'라고 이야기했습니다. 그런데 여기서 '단'을 어떻게 해석하느냐가 문제가 되는 겁니다. 맹자가 '단'의 뜻을 명확히 밝혔다면 좋았을 텐데, 측은지심과 인이 관계가 있다는 것만 이야기했을 뿐 어떤 관계인지, 뭐가 먼저고 뭐가 나중인지, 뭐가 씨앗이고 뭐가 열매인지는 말하지 않았으니 후배 학자들 입장에서는 헷갈릴 수밖에 없는 겁니다. 그래서 여러 가지 해석이 나오게 됩니다.

후배들의 여러 해석 중에 성리학을 만든 주자의 해석이 다수의 의견으로 받아들여지고 있습니다. 주자는 '단'을 실마리로 해석해 '인의 실마리'라고 했습니다. 주자는 인간의 마음에서 4단보다 4덕이 먼저 있다고 봤습니다. 4덕 중 하나인 인이 마음속에 있다고 합시다. 그런데 이게 있는지 없는지 잘 알 수가 없습니다. 그러던 중 어떤 상황에서 감정이 튀어나오는 걸 봤습니다. 무슨 감정인지 살펴보니 다른 사람의 고통을 봤을 때 불쌍해하는 감정이었습니다. 측은지심이 튀어나온 거죠. 그래서 이걸 보면서 마음속에 인이 있음을 알 수 있는 단서가 된다고 생각했습니다. 그러니까 주자는 4덕이 먼저 있고 그게 발산되면 4단이 되는 거라고 해석한 겁니다. 이것이 학계에서 일반적으로 받아들이는 해석입니다.

그런데 주자의 해석에 대해 600년이 지난 19세기에 다산 정약용이 따지고 듭니다. 주자의 '단서설'에 대해 다산은 '단시설'을 내세우며 비판을 하죠. 이 내용은 뒤에 나올 한국 사상의 흐름에서 자세히 살펴보도록 하겠습니다.

어쨌든 맹자는 4단과 4덕이 우리에게 선천적으로 있다고 했습니다. 그래서 따로 배우지 않고도 어떤 행동을 보면 그 행동이 선한지 악한지를 알 수 있다고 했는데 그것을 '양지良知'라고 합니다. 선천적 지식이 있다는 뜻이지요. 그리고 이런 행동은 연습해서 되는 것도 아니랍니다. 이미 우리는 할 수 있다는 거죠. 이것을 '양능良能'이라고 합니다. 태어날 때부터 몸에 배어 있으니 능히 실천할 수 있다는 뜻입니다. '양지'와 '양능'을 합쳐서 '양지양능설'이라고 합니다.

맹자의 사상에서 나온 '4단4덕설'과 '양지양능설'은 계승하는 후배 학자들이 각기 다릅니다. '4단4덕설'을 계승하는 학자가 주자입니다. 성리학의 메인 학설로 '4단4덕설'을 가져가는 겁니다. '양지양능설'은 양명학이 받아들입니다. 양명학은 성리학에 반대하며 나온 학문입니다. 하지만 성리학과 양명학은 모두 맹자의 '성선설'을 계승한다는 점에서 공통점을 갖습니다.

3
순자

이제 순자의 사상을 살펴볼 차례입니다. 그런데 본격적인 순자 강의에 앞서 짚고 가야 할 것이 있습니다. 바로 유학의 천관과 인간관에 대해 먼저 살펴보려고 합니다. 그것들을 알고 나야 순자를 제대로 이해할 수 있습니다.

먼저 '천관'에 대해 알아봅시다. 동양 사상에서 '천天'이라는 말은 크게 두 가지 개념으로 쓰입니다. 우주를 설명할 때도 있고 자연을 설명할 때도 있습니다. 즉 '천'은 우주나 자연을 상징하는 단어입니다. 우리가 '하늘'이라는 단어를 쓸 때도 두 가지 방식이 있죠. "하늘이 어두워졌어요" 할 때의 '하늘'이 있고, "하늘이 상 준다, 벌 준다"라고 말할 때의 '하늘'이 있습니다. 후자는 하늘이 사람처럼 인격이 있어서 무언가 행동을 하는 주체라는 느낌을 줍니다. 하늘을 신과 비슷한 의미로 생각하는 것입니다.

그러면 유학에서 바라보는 하늘은 어떨까요? 유학은 기본적으로 '인격천' 주의입니다. 하늘에 사람과 같은 성격이 있다는 뜻입니다. 어떤 성격일까요? 유학에서 보는 하늘은 '절대 선^善'이며 사람에게 착함의 기준을 제시해줍니다. 그래서 '도덕천'이라고도 합니다. 우리 인간에게 너희도 이래야 한다고 길을 보여주니, 유학의 하늘은 거의 신 같은 존재라고 생각하면 됩니다. 착함의 기준을 가지고 있는 착함의 상징으로서 하늘을 생각하는 겁니다. 그래서 원래 있는 말은 아니지만 이해를 돕기 위해 유학의 하늘을 저는 영어로 'moral sky'라고 부릅니다. 도덕적인 의미로 설명하는 하늘입니다. 도가의 하늘은 '자연천', 즉 natural sky입니다.

그런데 이 하늘은 명령을 내릴 줄 압니다. 하늘이 내리는 명령을 '천명^{天命}'이라고 합니다. 하늘은 인간에게 명령을 합니다. 인간이 가지고 있는 정신, 마음, 영혼은 하늘에서 왔습니다. 내(하늘)가 이만큼 착하니까 너(인간)도 이런 착한 본성을 가지고 있으라고 하늘이 던져준 겁니다. 사람의 성품을 유학에서 '인성^{人性}'이라고 하는데, 이 인성은 하늘이 내려준 것이죠. 그래서 하늘로부터 온, 하늘이 내려준 성품이라는 의미에서 인성을 다른 말로 '천성^{天性}'이라고도 부릅니다. "너는 천성이 참 곱다." "저 사람은 천성이 원래 그래." 이렇게 말할 때의 천성이 바로 이런 의미입니다.

그래서 인간의 성품은 절대 선인 하늘로부터 온 것으로 온전한 파란색(착한 색)입니다. 그리고 이 마음을 제외한 인간의 나머지 것들은 빨간색(악한 색)인데, 이 빨간색은 땅에서 왔다고 말합니다. 그리고 이 땅은 동물의 본성에서 왔다고 이야기합니다. 그러니까 우리의 본성은 파랗게 예쁜데, 우리의 몸은 새빨간 겁니다. 육체적 본능과 욕망에 사로잡혀 있는 거죠. 오장육부가 있고 본능으로 살아간다는 점에서는 동물과 크게 다를 바 없는 것 같기도 합니다. 사실 생물학적 특성만 놓고 보면 인간은 돼지와 상당히 유사해서 인간 복제를 연구하면서 돼지를 대상으로 실험을 많이 합니다. 인간과 원숭이의 유전자를 비교 분석한 연구도 있는데, 인간과 원숭이의 유전자는 고작 1%만 다르다고 합니다. 99%까지 똑같다가 마지막 1%로 인해 사람이 되고 원숭이가 되는 거죠. 그러니까 우리의 육체는 거의 동물입니다. 그런데 인간과 동물을 구분시키는 것이 있으니, 서양에서는 그것을 '이성'이라고 부르고, 동양에서는 하늘로부터 부여받은 '착한 본성'이 인간에게만 있다고 합니다.

이 착한 본성을 공자는 '인'이라고 했고, 맹자는 '4덕'이라고 했습니다. 인 또는 인의예지라는 착한 본성이 인간 안에 들어 있다는 겁니다. 이 인 또는 인의예지가 성품을 이루는 내용물이 되고, 그래서 인간의 본성은 착하다고 합니다. 이 논리에 입각해서 유학에서는 '성선설'을 주장합니다. 이게 유학의 기본적인 사고방식입니다.

그런데 인간이라는 존재를 놓고 보면, 하늘과 땅 사이에 껴 있는 존재라고도 할 수 있습니다. 하늘로부터 마음, 기품을 받았고, 땅으로부터 육체, 형상을 받았습니다. 기품은 정신이고 형상은 껍데기가 됩니다. 그래서 인간을 하늘과 땅 사이의 '중간적 존재'라고도 이야기합니다.

땅의 모든 것은 새빨갛습니다. 하지만 그나마 인간은 파란색을 조금 가지고 있습니다. 그래서 인간을 '만물의 영장'이라고 부르는 것입니다. 만물 가운데 가장 낫다는 거죠. 평소 많이 쓰고 들어본 이 말이 바로 유학에서 나왔습니다.

서양이나 동양이나 인간이 우월하다고 보는 것은 비슷한데, 문제는 그다음의 시각입니다. 서양에서는 인간은 이성을 가진 존재이고 더 뛰어나니까 자연, 동물을 밟고 그 위에 군림할 수 있다고 이야기합니다. 그러나 동양에서는 인간이 더 나으니 자연과 동물을 조화롭게 만들고, 양보하고 다독여서 잘 끌고 가자고 이야기합니다. 큰형의 느낌으로 생각하는 겁니다. 희생하고 양보하면서 조화롭게 이끌어가자는 거죠. 반면에 서양은 정복자의 느낌으로 인간과 자연의 관계를 설명합니다.

유학에서 인간은 만물의 영장으로서 천지조화에 기여해야 한다고 생각합니다. 사실 정확하게 보자면 이것은 공자와 맹자의 사고입니다. 이에 반대하는 세력이 등장하는데, 그게 바로 지금부터 볼 순자입니다.

순자는 성은 '순荀'이고, 이름은 '경卿'인데, 역시 존경의 의미로 '자'를 붙여 '순자'라고 부릅니다. 순자의 저서로는 『순자』라는 책이 있는데, 순자의 제자들이 순자의 사상을 정리한 책입니다.

유학을 다른 말로 공맹순 사상, 또는 공맹순 유학이라고 부릅니다. 그런데 이 공맹순 유학이라는 말을 쓴 지는 얼마 되지 않았습니다. 이황, 이이는 공맹 유학이라고 말했습니다. 순자는 들어가지 않습니다. 순자는 거의 2000년간 역사에서 사라졌다가 근래에 다시 나타났습니다. 유학에서는 순자를 유학자가 아니라고 생각했던 겁니다. 왜 그랬을까요?

앞서 설명한 것처럼 유학의 대전제는 하늘도 착하고 인간도 착하다는 성선설입니다. 공자와 맹자는 인간이 하늘로부터 착함을 받았기 때문에 인간의 본성이 착하다고 주장했지요. 그런데 순자는 이 성선설을 부정하고 인간의 본성이 악하다는 '성악설性惡說'을 주장했습니다. 즉 유학이 내세우는 '인격천'의 개념을 거부한 것입니다. 그래서 유학에서는 순자를 인정하지 않았습니다. 그런데 후대에 와서 순자의 해결책을 보니 그 내용이 상당히 유학적인 관계로 다시 유학의 한 부분으로 들어가게 되었고, 그래서 '공맹순 유학'이라고 부르게 된 겁니다. 이렇게 된 것이 불과 200여 년 전의 일입니다.

그럼 순자의 주장은 어떤 것인지 살펴봅시다. 순자는 '인격천'을 거부하고 '자연천'을 주장했습니다. 도가의 노자, 장자처럼 하늘은 그냥 자연일 뿐이라는 거죠. 유학에서 순자에 대해 토로하는 가장 큰 불만이 바로 이것입니다. 하늘은 그냥 하늘일 뿐이라는 주장은 엄청난 변화입니다. 역사적으로 볼 때 공자, 맹자, 순자는 지금으로부터 2400~2500년 전 사람이죠. 그리고 그 이전에도 중국에는 2000년 이상의 시대가 있었습니다. 황허문명이 생긴 이래 2000년이라는 시간이 흐른 뒤 공자, 맹자, 순자가 나타난 겁니다. 그 2000년이 흘러오는 동안 하늘에 대한 생각은 항상 같았습니다. 하늘은 경외의 대상, 일종의 신과 같은 존재였죠. 홍수나 가뭄, 추위 등으로 사람이 죽는 일은 모두 하늘이 조종하는 것이라 생각했습니다.

그런데 순자의 책에서 '천론'이라는 부분을 보면 하늘에 관해 이렇게 이야기합니다. "언제까지 하늘에 대고 빌 거야? 생각을 해보자. 저기에 제사를 지내는 게 맞는 것 같니, 저 운행의 변화를 파악해서 농사에 이용하는 게 맞는

것 같니? 이 어리석은 것들아." 하늘이 인간에게 상을 주고 벌을 주는 존재가
아니라, 나름의 원리가 있으니 그걸 연구해서 농사에 이용하는 게 더 맞지 않
겠느냐고 이야기하는 겁니다. 하늘에 대한 관점을 180도로 바꿔버린 거죠.

　　여러분, '코페르니쿠스적 전환'이라는 말을 들어본 적 있나요? 코페르니쿠
스는 중세 유럽에서 굳게 신봉하고 있던 '지구중심설', 즉 우주가 지구를 중심
으로 돈다는 사실을 정면으로 반박하며 '태양중심설'을 주장했죠. 세상의 중
심은 지구가 아니며 지구 역시 태양을 중심으로 도는 행성의 하나일 뿐이라고
이야기했습니다. 이렇듯 인간의 세계관이 완전히 뒤바뀌는 파격적인 사고의
전환을, 태양중심설을 주장한 코페르니쿠스의 이름을 따서 '코페르니쿠스적
전환'이라고 부릅니다. 그런데 15세기에 태어난 코페르니쿠스보다 기원전 4세
기에 태어난 순자가 더 먼저 이런 파격적인 사고의 전환을 보여주었습니다. 그
이전까지 대대로 내려오던 '인격천' 사상을 거부하고 하늘은 그저 하늘일 뿐이
라는 '자연천' 사상을 주장한 것이죠. 그렇다면 '코페르니쿠스적 전환'보다는
'순자적 전환'이라고 부르는 것이 더 맞지 않나 하고 생각해봅니다. 그만큼 순
자의 주장은 대단한 파격이자 엄청난 충격이었습니다.

　　그렇다면 순자의 '자연천'은 어떤 내용을 담고 있을까요? 순자는 하늘의 메
커니즘을 연구해서 농사에 이용하자고 했습니다. 하늘을 일종의 연구 또는 이
용의 대상으로 바라보는 겁니다. 순자에게 하늘은 그냥 하늘일 뿐, 하늘이 원
래 착하고 하늘에 인격이 있고 인간에게 천명을 내린다는 등의 주장은 전부 틀
렸다고 생각합니다. 그런 건 없다고 이야기합니다.

　그러면 순자는 인간을 어떻게 봤을까요? 다른 동물들과 똑같이 새빨간 몸을 가지고 있는 존재일 뿐이라고 이야기합니다. 하늘로부터 받은 착한 성품이 인간에게만 따로 있는 것은 아니며, 그래서 결국 인간의 본성은 악하고 동물과 다를 바 없다고 주장합니다. '성악설'에서 '악하다'는 말은 동물적 본능을 가지고 있다는 뜻입니다. 또한 철저하게 이기적이라는 의미이기도 합니다.

순자에 대해 좀 더 깊이 들어가봅시다. 앞서 이야기한 유학의 인간관, 천관을 정립한 사람은 맹자입니다. 그런데 맹자가 말하는 '성'과 순자가 말하는 '성'은 근본적으로 다릅니다. 맹자가 말하는 '성'은 하늘로부터 온 '착한 성'이고, 순자가 말하는 '성'은 하늘로부터 온 것이 아니라 모든 동물이 가지고 있는 본능과 같은 것입니다. 그렇기 때문에 순자는 '본능인 우리의 본성은 기본적으로 악하다'고 보는 것입니다.

그러면 순자는 세상이 왜 혼란하다고 할까요? 고민할 것도 없죠. 인간이 못됐으니까, 악하니까 혼란스러운 겁니다. 인간은 동물과 똑같습니다. 이기적이고 본능에 충실한 동물일 뿐입니다. 그러니 세상이 혼란스러운 건 원래 그렇고 당연히 그렇고 언제나 그렇습니다. 서양의 토마스 홉스가 주장하는 바와 똑같습니다. 홉스는 '만인의, 만인에 대한 투쟁'을 주장한 사람입니다. 인간은 못됐으니까 서로 물고 뜯고 싸울 수밖에 없다는 거죠.

알고 갑시다 토마스 홉스(Thomas Hobbes, 1588~1679)

17세기 영국의 철학자로, 자유민주주의의 초석을 다진 사회계약론의 최초 주장자이다. 그는 '계약 이론'으로 알려져 있는 윤리설의 창시자인데, 이 이론에 따르면 우리의 도덕적 의무들은 우리 인간들이 자신의 생존을 유지하고 만족스러운 삶에 도달하기 위하여 상호간에 맺은 계약으로부터 생겨난다. 홉스는 기본적으로 인간 본성을 악하게 보았기 때문에 자연 상태에서 인간은 서로 경쟁하고, 불신하며, 전쟁을 벌이게 된다고 이야기한다. 이러한 팽팽한 상태에서 계약을 맺으면 서로 평화로운 상태를 유지하고 계약을 이행할 수 있다는 것이 홉스의 핵심 주장이다.

사람의 이기적인 욕망은 계속 발전하는데, 이 욕망을 통해서 얻을 수 있는 재화는 한정되어 있기 때문에 충돌이 벌어집니다. 예를 들어 커피는 한 잔뿐인데 사람이 40명이면 커피를 마시기 위해 서로 물고 뜯고 싸워야 하죠. 사람의 욕망은 끝이 없는데 재화는 한정적이니 욕망을 채우기 위해서는 싸울 수밖에 없고, 그래서 사회가 혼란스러운 겁니다. 그렇다면 이걸 자제시켜야 하는데, 어떻게 해야 할까요?

순자는 이런 이기적 욕망을 자제시키기 위해서는 어느 사회나 분배의 기준이 있어야 된다고 주장합니다. 커피가 있으면 커피를 분배하는 기준이 사회마다 있어야 하는 겁니다. 나이 많은 사람이 마신다든지, 잠이 오는 사람이 마신다든지 하는 식으로 모두가 약속한 분배 기준이 있으면 덜 싸우게 됩니다. 그런데 이 사회에는 이런 분배 기준이 미비하기 때문에 싸움이 일어나고 문제가 생긴다는 겁니다. 이게 바로 성악설이자 순자가 보는 혼란의 원인입니다.

"化性起僞"
화　성　기　위

:인위적인 것을 통해
인간의 본성을 변화시킴.

그렇다면 해결책은 뭘까요? 순자는 원래부터 있던 악한 본성을 완전히 없앨 수는 없다고 이야기합니다. 원래 못됐는데 어느 날 갑자기 "레드 썬!" 한다고 다 착해지면 좋겠죠. 그런데 그렇지 않다는 겁니다. 순자는 어떤 기준을 만들어 계속해서 인간을 누르자고 주장합니다. 그러다 보면 본성이 눌러지지 않을까, 인간이 착해질 수도 있지 않을까 하고 생각하는 겁니다.

　사회 혼란에 대한 순자의 해결책은 '분배 기준의 마련'입니다. 분배 기준을 정립하는 겁니다. 능력에 따른 재화의 정당한 분배 기준을 만들자고 합니다. 능력에 따른 분배라, 이것은 자본주의, 자유주의와 비슷합니다. 그런데 '능력에 따른 분배 기준'이라는 말은 순자가 한 말이 아닙니다. 순자는 이것을 가리켜 '예禮'라고 했습니다. 공자도 '예'를 이야기했는데 공자의 예는 예의, 예절과 같은 윤리규범이었습니다. 그런데 순자의 '예'는 공자와 달리 '분배 기준'을 뜻합니다.

공자의 '예'보다는 순자의 '예'가 좀 더 세게 느껴집니다. 제도와 관련되어 있는 분위기도 풍기고요. 즉 순자는 사회제도적 차원의 '예'를 주장합니다. '예'가 타이르는 것이라면, '법'은 때리는 것이라고 할 수 있습니다. '예'에서 '법'으로 갈수록 더 세지는 겁니다. 공자의 '예'는 완전한 예절이고, 뒤에 나올 법가의 '법'은 완전히 때리고 잡아가는 것이라고 할 수 있습니다. 순자는 바로 이 중간쯤에 위치한다고 볼 수 있습니다. 이름은 '예'지만 법으로 가는 과도기에 있는 겁니다. 그러니까 일반적인 예절의 의미보다 조금 센 제도적인 차원의 '예'가 됩니다. 순자는 그래서 '화성기위化性起僞'를 주장합니다. 악한 본성을 교화시키기 위해 인위적인 것을 만들자는 뜻입니다. 그 인위적인 것을 열심히 지키면 언젠가 악한 본성이 눌러질 수 있다는 겁니다.

여기에서 두 가지 중요한 개념이 나옵니다. 첫째, 순자는 인간의 본성이 못됐다고 전제하고 시작했지만, 열심히 예를 실천하다 보면 변화할 수 있다고 믿은 사람입니다. 인간이 착해질 수 있다고 믿은 겁니다. 이게 순자의 특이한 점입니다. 인간을 포기하지 않은 거죠. 두 번째, 인위적인 걸 만들자고 하는데 순자가 말하는 인위적인 것이란 바로 '예'입니다. 순자는 혼란을 해결하기 위해서는 무언가 인위적인 것이 필요하다고 생각한 사람입니다. 인위성을 강조한다면 이건 유학적인가요, 도가적인가요? 굉장히 유학적이죠. 있는 그대로 자연스럽게 살자는 것이 아닙니다. 무엇을 만들어서 우리가 원래 갖고 있는 악한 마음을 누르자는 겁니다.

순자에게는 이사, 상앙, 신불해, 한비자와 같은 제자들이 있습니다. 이 제자들이 순자에게 '예'라는 말이 좋지만 공자가 쓰는 말이니 우리의 스타일대로 말을 만들자고 하면서 '법'을 이야기했습니다. 그런데 순자는 이를 거부합니다. 본인은 공자를 계승하고 있으며, 예를 새롭게 재해석할 뿐이라는 겁니다. 그래서 제자들이 순자를 떠나 만든 것이 바로 '법가'입니다.

 신불해, 상앙, 이사

전국시대 말기에 출현한 법가는 개인의 도덕적 수양과 성찰을 강조한 유가의 덕치주의에 반발해, 국가 지향적 태도를 보이며 공리적 측면의 법치주의를 추구한다. 춘추시대의 관자(관중)로부터 시작된 법가는 전국시대 초기에 신불해, 상앙, 이사 등의 사상가들을 낳았다. 신불해는 통치자가 신하를 제압하여 자신에게 유리하게 만드는 책략으로서 '술術'을 강조했고, 상앙은 통치의 주요 요소로 '법法'을 강조했다. 이사는 진시황의 재상으로서 진의 통일에 기여한 인물이기도 하다. 법가는 한비자에 의해 집대성된다.

그런데 여기서 떨어져 나온 법가의 무리가 나중에 큰일을 냅니다. 전국을 통일한 진시황이 이 법가의 사상을 국가의 기본 이념으로 채택해 나라를 다스립니다. 순자의 제자였던 이사와 상앙이 모두 진나라에서 총리와 같은 역할을 수행하며 정치를 장악하고 그 유명한 '분서갱유焚書坑儒'를 실시합니다. 책을 불태우고 유학자들을 땅에 묻어버린 겁니다. 300여 명의 유학자들이 생매장당하는 바람에 유학의 씨가 마르게 됩니다.

그러니 유학에서는 당연히 법가를 싫어하겠죠. 선배들을 말살하려고 했으니 유학과 법가는 앙숙이 됩니다. 그런데 법가의 뿌리가 누굽니까? 바로 순자입니다. 이런 이유로 유학에서는 순자를 받아들일 수가 없었던 겁니다. 그런데 순자의 논리를 살펴보니 순자는 결국 '예'를 실천해서 착해지자고 주장합니다. 공자는 원래 인간에게 '인'이 있었는데 이게 없어지면서 인간이 악해진 것이니

'예'를 실천해서 '인'을 회복하자고 했습니다. 공자와 순자의 주장이 결국 똑같지 않습니까? 그래서 순자가 공자를 계승해 조금 더 세게 이야기한 것이라고 훗날 인정받게 된 겁니다.

순자의 사상이 더 강해져 법가로 이어지는데, 법가에서는 사람들이 말을 못 알아들으니 때리고 잡아 가두어야 한다고 주장합니다. 인간의 교화 가능성을 인정하지 않는 거죠. 법가를 요즘 말로 하면 법치주의입니다. 법치주의는 인간의 교화 가능성을 인정하지 않고, 극단적으로는 사형이라는 미명 아래 사람을 죽이기까지 합니다. 그게 정당하다고 생각하는 겁니다. 인간을 포기하는 거죠. 그런데 법가의 뿌리가 되는 순자는 인간을 포기한 게 아니라는 점이 매우 중요합니다. 그리고 이것이 순자가 유학적 사고를 하고 있다는 판단의 근거가 됩니다.

4

법가

"信賞必罰"
신　상　필　벌

: 상을 줄 만한 훈공이 있는 자에게는 상을 주고,
　벌할 죄과가 있는 자에게는 벌을 준다.

한비자를 대표로 하는 법가는 순자의 사상을 계승해 성악설을 주장합니다. 그래서 '자연천' 사상을 가지고 있죠. 그런데 순자와 법가가 명백하게 다른 지점이 있습니다. 법가에서는 "인간은 교화가 불가능하니 때리고 잡아 가두자"고 주장합니다. 즉 '법에 의한 정치'를 내세우는 겁니다. 법에 의한 정치란 상과 벌을 내리는 정치를 말합니다. 조금 잘하면 상을 주고, 조금만 잘못해도 벌을 내리라는 것입니다. 자신에게 이익이 되면 뭐든 좋아하고 조금이라도 손해가 되면 싫어하는 것이 인간의 못된 본성이니, 상과 벌로 다스려야 한다는 것이 법가의 주장입니다.

이러한 법가를 통치이념으로 수용하고 등용시킨 군주가 중국 최초의 통일 대제국을 이룩한 진나라의 진시황입니다. 진시황의 입장에서는 백성을 상과 벌로 다스리는 법가식 정치가 쉬워 보였을 겁니다.

'부국강병富國强兵'이라는 말을 가장 처음 쓴 사람들이 법가입니다. 나라를 부유하게 만들고 군대를 강하게 해야 한다는 겁니다. 그리고 부국강병의 가장 중요한 방법이 바로 '신상필벌信賞必罰'입니다. 상을 줄 만한 훈공이 있는 자에게는 상을 주고, 벌할 죄과가 있는 자에게는 벌을 준다는 뜻입니다.

"權謀術數"
권 모 술 수

:목적 달성을 위하여 수단과 방법을
가리지 아니하는 온갖 모략이나 술책.

그런데 법가에서도 이렇게 무작정 세게만 나가지 말고 조금 더 세련된 방식으로 다스려야 한다고 하는데, 그것이 바로 '술術'입니다. 술수를 뜻하는 거죠. 그래서 법가를 '법과 술에 의한 정치'라고 이야기합니다. 술수는 어디서 많이 들어봤죠? '권모술수權謀術數'에서 온 말로, 이것도 법가가 쓰던 말입니다. 요즘 말로 하면 속임수라고 할 수 있습니다. 임금은 법을 만들고 그 법을 통해 백성들을 다스리는데, 보다 더 세련된 왕이 되고 싶으면 머리를 조금 더 써보라는 겁니다. 누가 까불면 그 사람을 혼내는 게 아니라 다른 사람을 더 예뻐하고, 누군가 힘이 세져 왕을 칠까봐 두려우면 다른 세력의 힘을 키워서 그 둘을 맞붙여놓으면 된다는 겁니다. 그러면 둘은 서로 2인자가 되기 위해 경쟁하고, 왕은 자연스럽게 올라갈 수 있습니다. 즉 모략을 써서 정치를 하라는 말입니다.

이런 정치에 능통해지면 '세勢'에 의한 정치를 할 수 있게 된다고 합니다. '세'

란 권세, 세력을 뜻합니다. 요즘으로 치면 카리스마 정치, 공포 정치와 비슷하죠. 왕이 백성을 때리고 술수로 가지고 놀면 백성은 두려움에 떨게 될 겁니다. 왕이 힘도 세고 머리도 좋으니 백성은 겁을 잔뜩 먹을 수밖에 없습니다. 그러면 왕은 정치하기가 정말 편해지죠. 굳이 이거 해라, 저거 해라 하지 않고 목소리만 크게 해도 백성들이 알아서 하게 됩니다. 자동 정치가 되는 겁니다. 이런 것을 '세'에 의한 정치라고 합니다. '법'에서 '술', '술'에서 '세'로 업그레이드하는 겁니다. 법가에서는 이렇게 다스리는 것이 좋은 정치라고 주장합니다. 법가가 이러한 통치 방식을 내세우는 이유는 인간을 교화 가능성이 없는 존재로 보기 때문입니다. 그래서 억지로라도 교화시키기 위해 '법'이 필요하고 '술'이 필요하고 '세'가 필요하다고 이야기합니다.

순자의 제자이자 법가의 대표적 사상가인 한비자는 여러 가지 우화를 통해서 법가의 사상을 설명하는데, 그중에 '수주대토守株待兎' 우화가 있습니다. 그루터기에 앉아 토끼를 기다린다는 뜻이죠. 한 농부가 농사를 짓다가 너무 힘이 들어서 나무 그늘에 앉아 쉬고 있었습니다. 그때 토끼가 지나가자 농부가 "토끼다!" 하고 소리쳤더니 토끼는 놀라서 도망가다가 나무에 부딪혀서 기절하고 말았습니다. 농부는 기절한 토끼를 주워다가 집에서 잘 삶아 맛있게 먹었겠죠. 그런데 그 뒤로 그 농부는 농사를 그만두고 하루 종일 그루터기에 앉아서 토끼가 또 기절하기만을 기다린 것입니다.

농부가 참 바보 같지 않나요? 정말 우연이었던 것이지 그런 일이 또 생기겠습니까? 한비자는 이 농부의 일화를 들어 이야기합니다. 백성들은 원래 착하니까 언젠가는 말을 잘 들을 거라고 생각하는 왕이 있다면, 토끼가 기절하기를 기

다리는 농부와 똑같다고요. 멍청한 짓이라는 거죠. 결국 이 말은 결코 인간은
착해질 수 없으니 때리고 잡아 가두며 다스리는 수밖에 없다는 의미가 됩니다.

"君君臣臣父父子子"

군 군 신 신 부 부 자 자

: 임금은 임금답고, 신하는 신하다우며,
아버지는 아버지답고, 아들은 아들다워야 한다.

지금까지 제자백가 중 공자, 맹자, 순자, 법가의 기본 사상을 살펴보았으니, 이번에는 제자백가의 정치 사상에 대해 알아보도록 하겠습니다.

유학자들은 정치를 좋아한다고 했습니다. 사실 유학은 서양 철학의 분류 기준으로 본다면 윤리학과 정치학에 더 가까운 학문입니다. 우주에 대한 형이상학적 존재론이나 인식론 차원의 논의는 배제하고, 주로 인간의 바람직한 삶과 이상적인 사회의 모습에 대해 이야기하죠. 그래서 유학에서는 정치 이론이 발전합니다.

먼저 후배 유학자들에게 가장 큰 영향을 준 공자의 정치 사상을 살펴봅시다. 공자의 정치 사상의 핵심은 크게 두 가지입니다. 첫 번째는 '정명론'이고, 두 번째는 '덕치주의'입니다.

'정명'은 '바를 정正'과 '이름 명名'을 씁니다. 그대로 풀면 '이름을 바르게 하라'는 뜻입니다. 여기서 말하는 이름의 의미가 중요합니다. 제 이름은 '김성묵'입니다. 보통 우리가 알고 있는 이름은 이렇습니다. 그런데 공자가 말하는 이름은 일반적인 이름이 아니라 그 사람의 지위와 신분을 결합해서 쓰는 말입니다. 그러니까 공자식으로 제 이름을 말하면 '윤리 선생 김성묵'이 될 겁니다. 즉 지위와 신분에 걸맞게 바르게 행동하라는 뜻입니다. 그래서 이 '정명론'을 현대적 용어로 말하자면 지위, 신분에 따른 역할론이라고 합니다. "그런 이름을 갖고 있어? 그럼 그렇게 행동해야지" 하는 논리입니다.

정명론과 관련된 공자의 유명한 말이 있습니다. 군군신신부부자자君君臣臣父父子子. 같은 글자를 반복해서 쓰는데, '임금 군君' 자만 보면 앞의 군은 임금이라는 뜻으로 주어가 됩니다. 뒤의 군은 '임금다운'이라는 형용사적 의미가 됩니다. 그러니까 '임금은 임금답게, 신하는 신하답게, 아버지는 아버지답게, 아들은 아들답게'라는 뜻입니다. 그래서 저는 이걸 '답게 사상' 또는 '이름값 사상'이라고 부릅니다. '윤리 선생 김성묵'이니 윤리 선생다워야 한다는 겁니다. 이름에 먹칠하지 말라는 뜻이죠.

그런데 윤리 선생인 저에게 침을 뱉는 버릇이 있다고 가정해봅시다. 수업하면서도 수시로 침을 뱉습니다. 그러면 여러분이 저의 윤리 수업을 들을까요? 절대 안 듣겠죠. 그리고 주변 사람들한테 윤리 선생이 윤리 선생답지 않다고 소문낼 겁니다. 이게 바로 '정명론'입니다. 동양 사람들의 머릿속에 완벽하게 박혀 있는 논리입니다. 어른들이 화려하게 꾸미고 다니는 중고등학생들을 보면서 "학생은 학생답게 하고 다녀야지!" 하며 혀를 차는 걸 본 적이 있을 겁니다. 이 '학생은 학생답게'가 바로 '정명론'입니다.

그렇다면 그 말을 들었을 때 짜증을 내는 학생들은 정명론을 거부하는 사람들일까요? 아닙니다. 윗사람에게 정명론의 논리를 들으면 짜증나지만, 그들이 후배를 다스릴 때는 정명론의 논리를 이용합니다. "후배면 후배답게 굴어야지." 이런 말 많이 쓰잖아요. 우리는 대통령은 대통령답고, 국회의원은 국회의원답고, 학생은 학생다우면 좋겠다고 생각합니다.

그런데 이런 논리에 반박할 수도 있을 겁니다. '군군신신부부자자'를 다시 보면 임금과 신하, 부모와 자식, 높고 낮음의 구성입니다. 윗물, 아랫물 같은 느낌이죠. 그러면 학생이 학생다우려면 전제가 어떻게 되겠습니까? 선생이 선생다워야죠. 부하직원이 부하직원다우려면 상사가 상사다워야 합니다. 이것이 바로 공자의 논리입니다.

영화 〈변호인〉을 봤습니다. 보면서 4번을 울었습니다. 영화가 끝나고도 먹먹했죠. 그런데 문득 제목이 왜 '변호사'가 아니고 '변호인'일까 하는 의문이 들었습니다. 곰곰이 생각해보니 변호사도 하나의 인간임을 강조하기 위함이 아니

었을까 싶더군요. 변호를 하는 한 인간을 이야기해보자는 의도인 것 같습니다. 쉽게 말하면 변호사다운 변호사를 이야기하는 것 아닌가라고 생각합니다. 변호사다운 변호사가 별로 없던 세상에 변호사다운 변호사가 한 명 있었고 이런 행동을 했다는 것을 기억하자는 의미가 아닐까요? 그러니까 〈변호인〉이라는 제목의 논리도 정명론입니다. 변호인이 변호인다운 세상이 왔으면 좋겠다는 생각이 드는 영화였습니다. 이렇듯 정명론은 사회 곳곳에 무수히 깔려 있는 동양 최고의 사회 이론입니다.

공자의 정명론을 듣고 사람들이 공자에게 묻습니다. '군군신신부부자자'가 무슨 말인지는 알겠는데, 그렇다면 임금이 임금다워야 한다는 건 무슨 뜻일까요? 공자는 임금이 임금답다는 건 '덕'으로 다스리는 것이라고 답했습니다. 그래서 '덕치'라는 개념이 나왔습니다. '덕치'는 넓게 보면 어진 정치, '인정仁政'이라고 할 수 있습니다. 이것이 유학의 기본 정치 이념입니다.

"修己以安人"
수 기 이 안 인

: 자기 수양을 통해서 남을 편안하게 한다.

공자는 '덕치'에 대해서 두 가지 기본 조건을 제시합니다. 이 두 가지가 되어야 '덕치'를 할 수 있고 합니다. 첫 번째 조건은 '수기이안인修己以安人, 수기이안백성修己以安百姓'입니다. 『논어』에 나오는 문장으로, 내가 먼저 착해지고, 그다음 주변 사람을 편하게 하고, 그리고 백성을 편하게 하라는 뜻입니다. 순서가 있죠. 가장 먼저 '수기'가 되어야 합니다. 정치를 먼저 하려고 하지 말고, 스스로 인간이 되어야 한다는 말입니다. 인간이 돼야 그 착한 본성을 가지고 다른 사람들을 다스릴 수 있다는 것입니다. 덕이 없는 사람이 덕치를 한다는 건 말이 안 되죠. 그래서 공자는 '수기'를 강조합니다. 현대로 치면 정치인의 도덕성을 강조하는 말입니다. 동양에서는 이 부분을 상당히 중요시 여깁니다.

'덕치'의 두 번째 조건은 '고른 분배'입니다. 공자는 "많고 적음이 문제가 아니라 고르지 못함이 문제다"라고 이야기했습니다. 전임 이명박 대통령 시절에

'747 공약'이라는 게 있었습니다. 7% 경제성장, 4만 달러 국민소득, 세계 7위 경제대국이라는 목표를 약속했었죠. 그리고 지금 대통령은 '474 공약'을 내세웠습니다. 국민소득 4만 달러를 목표로 하고, 본인 임기 중에 3만 달러 시대를 열겠다는 공약입니다. 물론 국민소득이 3만 달러, 4만 달러, 10만 달러가 되면 좋습니다. 그런데 많이 번다고 해도 그걸 소수가 다 가져가면 어떻게 될까요? 공자의 말대로라면 많고 적은 건 문제가 아닙니다. 공자는 백성들이 시위를 할 때 많고 적은 걸로는 절대 하지 않는다고 보았습니다. 그런데 자꾸 정치가들은 많고 적음만 따진다는 겁니다. 하지만 공자는 항상 고르게 돌아가는지를 고민하라고 합니다. 이 나라에서 똑같이 일했는데 누구는 많이 가져가고, 나는 적게 가져가면 문제가 생깁니다. 능력이 좋아서 많이 가져가고, 능력이 없어서 적게 가져갔다면 억울할 게 없습니다. "쟤는 능력에 비해 너무 많이 가져갔고, 나는 능력에 비해 너무 적게 가져갔어. 격차를 조금 줄여야 하지 않을까?" 이런 문제로 불만이 생기고, 시위를 하게 된다는 게 공자의 논리입니다. 저는 이 말이 정말 맞는 것 같습니다. 시위는 분배가 잘 안 되면 하는 것이지 많고 적은 걸로는 하지 않거든요. 공자는 2500년 전에 이 점을 꿰뚫고 얘기한 겁니다.

'소득불평등지수'라는 개념이 있습니다. 상위 20%와 하위 20%의 소득 격차에 대해 말하는 사회, 경제 용어입니다. 사회학자들은 이 격차가 6배가 넘으면 혁명이 일어난다고 이야기합니다. 밑에 있는 사람들이 더 이상 참지 못하고 세상을 엎는다는 말입니다. 우리나라는 6배에 조금 못 미치는 수준인데, 거의 6배에 달하는 나라가 바로 미국입니다. 미국에서는 언젠가 혁명이 일어날지도 모릅니다. 그런데 이웃 나라 일본은 그 격차가 5배 이하로, 가장 격차가 적은 나라 중 하나입니다. 이 격차가 적을수록 사회적인 문제가 터졌을 때 국민들이 협동하기가 수월하다고 합니다. 같이 벌어서 같이 나눈 사람들이라는 인식이 강하고, 위기가 오면 함께 이겨내야 한다는 생각을 갖게 되는 겁니다. 그런데 격차가 큰 나라에서 사회적 위기가 발생한다면, 소득 상위 그룹이든 하위 그룹이든 상대 그룹을 자신의 것을 빼앗아갈 적, 이겨야 하는 대상으로 여겨 협동이 되지 않을 겁니다. 서로 믿지 못하는 사회가 되는 거죠. 사회적 자본인 '신뢰'가 없는 겁니다.

고른 분배는 요즘 말로 하면 '분배의 형평성'을 중요시하는 겁니다. 이렇게 '덕치'가 실현되는 바람직한 사회를 공자는 '대동사회大同社會'라고 했습니다. 인륜이 구현된, 도덕적으로 하나가 된 사회라는 뜻입니다. 다 같이 하나 된 사회, 모두가 크게 평등한 사회를 말합니다. 이걸 공산주의라고 하는 사람도 있긴 합니다만, 일반적 시각에서 '대동사회'는 복지국가라고 보는 것이 더 타당합니다. 복지가 잘 구현된 사회를 유학이 추구한 것이라고 해석하는 겁니다.

"無恒産 無恒心"
무 항 산 무 항 심

:생활이 안정되지 않으면
바른 마음을 견지하기 어렵다.

이런 공자의 논리를 맹자가 그대로 계승합니다. 맹자는 공자의 이론을 뒤이어 설명하는 사람으로 볼 수 있습니다. 맹자의 이론은 세 가지로 이야기할 수 있습니다.

대표 이론은 '민본주의民本主義'입니다. 민본주의는 뜻 그대로 백성이 근본이 되는 정치입니다. 그런데 민본주의의 주체는 누굴까요? 왕입니다. 왕이 백성을 근본으로 생각하고 정치를 펼치는 겁니다. 여전히 주권은 왕에게 있는 '군주주권'의 사고방식이고, 백성을 왕의 은혜를 받는 대상으로 여기는 시각입니다. 지금의 시각에서 보자면 이것이 민본주의의 한계라고 할 수 있겠지요.

맹자는 이런 말도 했습니다. "나라에서 가장 중요한 건 백성이며, 그다음 국가이고, 그다음이 군주다." 백성을 우선하는 정책을 주장한 것이죠. 또한 "무항산無恒産이면 무항심無恒心이다"라는 말을 합니다. '항산'은 요즘 말로 하자면 일종의 생업이라고 할 수 있습니다. '항심'은 항상 똑같은 나의 도덕성이라고 해석합니다. 그래서 '무항산 무항심'은 만일 생업이 없다면, 즉 먹고살기가 힘들다면 우리에게 도덕성도 없다는 뜻입니다. 뒤집어 해석하면 백성들이 착하고 도덕성이 있기를 바란다면 먹고살게 해줘야 된다는 겁니다. 먹고살아야 도덕성도 챙길 수 있다는 말이죠. 맹자는 이미 그 시대에 백성들의 경제적 안정을 생각한 겁니다. 이것이 바로 맹자의 '민본주의'입니다. 맹자는 또한 '여민동락與民同樂'의 정치를 하자고 합니다. 백성과 함께 즐거워야 한다는 뜻입니다. 기쁨과 슬픔을 백성과 함께하라는 거죠.

맹자는 민본주의적 관점에서 두 번째 이론을 주장합니다. 공자가 임금은 임금다워야 한다고 했는데, 왕이 임금답지 못하고 오히려 백성들을 괴롭히면서 민본정치를 하지 않는다면 어떻게 해야 할까요? 맹자는 그때는 '역성易姓'을 하라고 합니다. 왕의 성을 바꿔라, 즉 왕조를 교체하라는 뜻입니다. '역성 혁명론', 나라를 뒤엎어버리라고 주장하는 거죠.

맹자는 벼슬길에 오른 적이 한 번도 없습니다. 여러분이 왕이라면 시키겠습니까? 왕이 똑바로 못하면 엎어버려야 한다고 주장하는 사람인데요. 맹자는 심지어 왕이 백성들을 괴롭히면 그때는 이미 왕이 아니니 죽여도 된다고 합니다. 2400년 전에 이런 말을 하는 사람이었으니 벼슬을 할 수가 없었겠죠. 그래서 더 강하게 말할 수 있었던 것인지도 모릅니다.

얼마 전 KBS에서 사극 〈정도전〉을 방영했습니다. 삼봉 정도전이 고려 말의 혼란을 극복하고 '조선'이라는 새 세상을 만들기 위해 근거로 삼은 논리가 바로 맹자의 '역성 혁명론'입니다. 왕이 왕답지 못해 고려가 도탄에 빠졌으니, 왕씨의 나라인 고려를 무너뜨리고 이씨가 지배하는 나라를 만들자는 것이죠. 맹자의 이론이 우리나라에서 왕조 교체의 논리로 사용된 겁니다. 역성 혁명론은 내용으로만 보면 상당히 근대 민주주의적 요소를 지니고 있습니다. 사회계약론자 존 로크의 저항권이나 국민주권사상의 향기가 풍긴다는 느낌은 저만의 생각일까요?

맹자가 주장한 '역성 혁명론'은 사실 그 내용이 상당히 강합니다. 그래서 후배들이나 제자들이 나라를 뒤엎고 왕을 바꾸자는 주장보다 우선 왕다운 게 뭔지 설명해달라고 합니다. 그랬더니 맹자는 공자가 설명한 '덕치'가 왕이 가야 할 진정한 길이라고 하며 '왕도王道정치'를 주장합니다. 예의와 도덕적 교화를 강조하는 것으로, 내용상으로는 '덕치'와 크게 다르지 않습니다. 그러면서 반대의 개념을 하나 더 말했습니다. 바로 '패도覇道정치'입니다. 강제력에 의한 정치를 가리키는데, 이건 정말 해서는 안 되는 것이라고 했습니다.

공맹순 사상에서 이제 순자가 남았습니다. 순자는 정말 간단합니다. 유학 사상 중에 '예'가 나오면 이건 순자 이야기구나 하면 됩니다. '인과 예'가 나오면 공자일 수도 있지만, '예'만 강조한다면 순자입니다. 순자는 나라를 예로 다스리는 '예치주의禮治主義'를 주장했습니다. 이것을 법가의 한비자가 계승하면서 '법치주의法治主義'로 발전시켰습니다.

이번엔 도가의 정치 사상을 살펴봅시다. 도가는 정치를 싫어하죠. 그래서 장자 같은 경우는 정치에 대해 거의 언급을 하지 않습니다. 정치에 관심이 없는 거죠. 노자는 정치에 대한 이야기를 하긴 합니다. 노자와 장자는 정치적 발언을 하느냐 안 하느냐에서 차이가 보입니다.

노자는 정치 자체를 싫어하지는 않습니다. 정치를 하라고는 하나 다만 '무위자연의 정치'를 하라고 합니다. '무치'라고도 합니다. 아무것도 하지 않는 정치를 말하죠. 어떤 왕이 훌륭한 왕이냐는 물음에 노자는 좋은 왕이란 왕이 있는지조차 모르게 하는 왕이라고 했습니다. 왕이 있다는 것을 드러내지 말고 자연스럽게 흘러가게 해야 한다는 겁니다. 누가 정치를 하는지도 모르게 할 때 백성이 살기 좋아지고 그것이 진짜 정치라고 이야기합니다.

그래서 노자는 '소국과민小國寡民'이 좋다고 합니다. 국가의 존재를 인정은 하되, 나라가 작고 백성이 적은 게 좋다는 것입니다. 즉 노자는 '작은 정부론'의 시각을 견지합니다.

6
고자

고자는 『맹자』라는 책에 나오는 등장인물입니다. 사실은 맹자가 상상으로 지어낸 인물일 수도 있습니다. 맹자가 자신의 책에서 고자를 언급한 부분을 간단하게 살펴봅시다. "고자라는 사람이 이렇게 이야기했어. 그래서 내가 저렇게 말했더니 반박을 하더라고. 그래서 내가 다시 이렇게 이야기해줬지. 결국 내가 이겼어." 『맹자』에 나오는 이런 구절로 '고자'라는 인물이 있었음을 추측할 수 있지만, 실제 있었던 인물인지는 정확히 알 수 없습니다.

그래서 고자는 단독으로 이야기하기가 어렵습니다. 항상 맹자와 같이 언급되죠. 두 사람이 '인성론', 즉 인간의 본성에 대해 싸웠거든요. 여기에 성악설을 주장한 순자, 성선설을 가장 처음 시작한 공자까지 더해진다면, 고자가 누구와 엮이고 누구와 비교될지 대충 감이 오시죠?

고자는 '성무선악설性無善惡說'을 주장한 사람입니다. 성무선악설이란 인간의 본성은 선과 악이 정해져 있지 않다는 이론입니다. 그렇다면 고자는 본성을 어떻게 보는 입장일까요? 본성에 대한 고자의 견해는 기본적으로 순자와 같습니다. 인간의 본성은 동물적이고 이기적이라는 겁니다. 그런데 고자는 순자보다 더 노골적으로 인간의 본성을 정의합니다. 인간의 본성은 식욕과 성욕 두 가지가 끝이라는 거죠. 이렇게 규정을 짓고 나면 이걸 선하다고 보는 게 맞을까요, 악하다고 보는 게 맞을까요? 동물적 욕망은 선일까요, 악일까요? 결론적으로 고자는 식욕과 성욕은 선이나 악으로 규정할 수 없다고 이야기합니다.

예를 들어봅시다. 어떤 사람이 있습니다. 당연히 식욕을 갖고 태어났을 겁니다. 그런데 이 사람이 아침 겸 점심으로 떡을 두세 개 먹고 밤 열 시가 다 되도록 아무것도 먹지 못했습니다. 그러면 배가 엄청 고프겠죠? 식욕이 발동합니다. 뭐라도 먹고 싶어 미칠 겁니다. 그러면 이 사람은 선한 사람입니까, 악한 사람입니까? 고자는 이렇게 말합니다. "오케이! 배고픈 거 인정. 그런데 그걸 선이나 악으로 말할 수 있나?" 즉 식욕 자체만으로는 선악을 이야기할 수 없다는 것입니다.

그럼 선이나 악은 언제 결정되는 걸까요? 배가 고픈 상황에서 누가 빵을 먹으며 지나갈 때 그 사람을 때려서 빵을 뺏어 먹으면 나쁜 거죠. 배가 고픈데도 나보다 더 불쌍한 사람에게 내가 가진 빵을 나눠주면 선한 행동을 한 거죠. 그러니까 선과 악은 그다음의 문제라는 겁니다. 배고픈 것 자체를 가지고는 판단할 수가 없습니다. "너 식욕이 있어? 나쁜 사람!" 이럴 수는 없다는 게 고자의 생각입니다.

그래서 우리가 갖고 태어난 본능, 식욕과 성욕은 선도 악도 아닌 상태이며, 선과 악은 본능을 기반으로 어떤 행동을 했을 때 결정되는 겁니다. 결국 고자는 인간이 태어난 이후의 교육이 중요하다고 이야기합니다. 욕망을 누르고 어떻게 선해져야 하는지, 왜 그래야 하는지 가르치는 게 중요하고, 그래서 환경이 중요하다고 주장합니다. 환경이 사람을 나쁘게 할 수도, 착하게 할 수도 있으니까요. 또한 개인의 주체적인 노력이 필요하다고 합니다. 노력을 통해 착해질 수 있고, 착해져야 한다는 말이죠.

그런데 이에 맹자가 반박합니다. 인간 안에는 4덕이 있다고 이야기하죠. 그랬더니 고자가 그 말에 대해 '인내의외설仁內義外說'을 주장하며 반박합니다. 인간 안에 인은 있지만 의는 없다는 뜻입니다. 중요한 건 '의외설'입니다. '의'가 바깥에 있었다는 뜻인데, 이건 맹자와 정반대 의견이죠. '의'는 밖에 있다가 나중에 안으로 들어왔다는 겁니다. 후천적으로 노력해서 만든 것이지 원래 가지고 있던 것이 아니라며 후천적인 '의'를 강조합니다. 노력을 통해 '의'를 달성할 수 있는 거지, 원래 본성에 '의'가 있는 건 아니라고 이야기합니다.

고자는 '인'이 인간 안에 있다고 했는데, 그렇다면 인간이 착하다는 이야기일까요? 고자는 타인을 불쌍히 여기는 마음, '인'이 안에 있지만 그렇다고 착하다는 의미는 아니라고 합니다. '인'을 본성으로 봐야 인간이 원래 착하다고 할 수 있을 텐데, 고자가 보는 본성은 식욕과 성욕 두 가지뿐입니다. 그러니까 '인'의 내재 여부가 인간 본성의 선악을 가릴 수는 없다는 겁니다. 그래서 고자의 사상은 '성선설'이 아닙니다.

고자의 주장이 이러하니 맹자와 많이 싸울 수밖에 없습니다. 고여 있는 물은 방향이 정해져 있지 않죠? 컵에 담긴 물이 어디로 흐를지 알 수 없습니다. 현재 흐르고 있지 않기 때문이죠. 언제 정해질까요? 컵을 들고 있는 사람이 오른쪽으로 컵을 기울이면 오른쪽으로 흐르겠죠. 왼쪽으로 기울이면 왼쪽으로 흐를 겁니다. 그러니까 나중에 정해지는 것이지 컵에 담긴 물 자체는 흐르는 방향이 정해져 있지 않습니다. 이처럼 인간의 본성도 정해져 있지 않다는 게 고자의 주장입니다. 선해지려고 노력하면 선해지고 악해지려고 하면 악해지는 거지, 그 자체가 선, 악이라고 할 수는 없다는 겁니다. 고여 있는 물이나 인간이나 똑같다고 이야기합니다.

맹자는 이것에 대해 하나만 알고 둘은 모른다면서 비판합니다. 물론 고여 있는 물은 흐르는 방향이 정해져 있지 않습니다. 그렇지만 물은 원래 위에서 아래로 흐른다는 것이 진리이듯, 인간의 본성도 기본적으로 선하다는 것이 진리라고 합니다. 그러자 고자가 반박을 합니다. 버드나무를 깎고 다듬어서 바구니를 만들었는데, 이 바구니가 버드나무 안에 들어 있었나요? 버드나무 안에서 그냥 꺼낸 건가요? 아니죠. 원래 나무였을 뿐입니다. 그런데 나무를 잘라서 깎고 다듬어서 예쁜 바구니가 됐죠. 그것과 똑같이 인간의 본성도 원래 선이 있는 상태로 있던 것이 아니라, 나중에 노력해서 선한 마음을 갖추게 되었다고 이야기합니다.

그랬더니 맹자가 역시 하나만 알고 둘은 모른다고 말했습니다. 물론 이 바구니가 나무 안에 완벽한 형태로 있었던 것은 아닙니다. 그런데 이걸 깎고 다듬어서 바구니를 만들었다는 건, 나무가 원래 깎이고 다듬어지는 성질이 있다는

뜻입니다. 쇠나 다이아몬드라면 바구니를 만들 수가 없겠죠. 나무에게 다듬을 수 있는 성질이 있기 때문에 바구니가 된 것 아니냐는 겁니다. 그것처럼 착해질 수 있는 기본 성질인 '4단'과 '4덕'이 이미 인간의 마음속에 있다는 겁니다.

이게 2400년 전에 벌어진 논쟁입니다. 논리가 첨예하게 부딪칩니다. 고자가 말하면 맹자가 반박하고, 또 고자가 반박하면 다시 맹자가 반박합니다. 『맹자』에 나온 이 논쟁의 승자는 누구일까요? 당연히 맹자입니다. 자신의 책이니까요.

7

묵
자

제자백가의 여러 학자들 중에 최근 재조명되는 사상가가 바로 묵자입니다. 묵자의 학파는 '묵가'입니다. 묵자의 원래 이름은 '묵적'인데, 성이 묵이요, 이름이 적이 아니라는 이론이 많습니다. '묵'이 만들어진 성, 일종의 별명일 것이라는 겁니다. 그러면서 '묵'의 의미를 가지고 묵자를 설명합니다.

그러면 이 '묵'은 무슨 뜻일까요? 제가 묵자라는 사상가가 있다는 건 예전부터 알고 있었지만 대학교 때 묵자를 공부하지는 않았습니다. 제 이름 김성묵에 '묵'이 들어가니 관심을 가질 법도 한데, 별로 중요하지 않은 사람이라고 생각해서 공부를 안 했습니다. 그런데 묵자에 대한 연구가 학계에 유행해 관련 논문이 많이 나오기에 한번 읽어봤습니다. 그러고는 깜짝 놀랐습니다. 그 시대에 그런 주장을 펼치다니, 실로 대단한 사람이라는 생각이 들었죠. 묵자는 공부를 하면 할수록 멋있고 매력적인 사람이었습니다. 그 당시에는 '묵가'가 가장 대중적이었고 따라다니는 사람들도 가장 많았다고 합니다. 그런데 역사는 승자만 기억하죠. 묵자는 동양 사상이라는 무대에서 완전히 사라졌다가 최근에 다시 복귀했습니다.

'묵'은 첫 번째로 '묵형墨刑'을 뜻하는 것이 아닐까라고 추측합니다. 묵형은 이마에 인두 같은 걸로 낙인을 찍는 형벌입니다. '도둑'이라고 이마에 쓰는 거죠. 묵자의 이마에 이런 낙인이 찍혀 있었다고 합니다. 어떤 죄인지는 자세히 나오지 않지만 묵형을 받았다는 거죠. 이에 대해 묵자는 "그래, 나 이런 형벌 받았어. 그런데 이런 썩은 세상에서 형벌을 안 받고 사는 너희들이 더 문제 아니야? 난 이거 창피하지 않아. 자랑스러워." 이렇게 말하고 다녔답니다. 그러니까 당대의 체제와 법 등에 대해 반기를 들었다고 볼 수 있습니다. 이렇듯 묵형의 '묵'을 따서 묵자라고 하는 것이 아닐까 추측해봅니다.

또한 '묵'이 먹줄의 의미가 아닐까라고 생각해볼 수 있습니다. 먹줄은 옛날에 줄을 똑바로 그을 때 쓰던 도구입니다. 저희 할아버지께서 먹줄 쓰시는 걸 본 적이 있습니다. 할아버지가 은퇴 후 취미 삼아 나무 간판 등을 만드셨습니다. 나무에 음각이나 양각으로 글자를 새겨 넣는 거죠. 나무를 반으로 자를 때 실로 길이를 재고 실을 반으로 접습니다. 그리고 양쪽 끝에 가느다란 실못을 박은 후 실에 먹물을 묻혀서 실못에 걸고 실을 잡아당겼다가 놓죠. 그러면 나무에 먹이 묻으면서 선이 가는 겁니다. 그게 '먹줄'입니다. 옛날에는 이 먹줄이 대장장이나 목수 등에게는 필수품이었습니다. 그러니까 묵자는 선비가 아니라 계급이 낮은 하층민이었을 것이라 생각할 수 있습니다.

세 번째, '묵'이 '먹 묵' 자이니 검게 그을린 피부를 뜻한다고 볼 수도 있겠죠. 낮에 바깥에서 열심히 일을 해서 얼굴이 까매진 '적'이라는 사람, 묵자의 이름은 이런 뜻일 수도 있습니다.

이 세 가지 뜻을 놓고 추론해보면 어떤 뜻이 맞건 간에 묵자는 지배층주의가 아니라 피지배층주의이며, 민중적 사고방식을 가진 사람입니다. 지배층주의는 정치 잘하고 제도를 정비하고 신분제를 유지하고자 하는 유학과 밀접하게 맞닿아 있고, 묵자는 유학에 반대하는 사람, 즉 반反유학자입니다.

"兼愛"
겸   애

: 모든 인간을 똑같이 사랑함.

묵자의 출생이나 어떤 일을 하고 어떻게 살았는지에 대해 자세히 나와 있지는 않습니다. 그런데 묵자는 젊은 시절 유학 공부를 열심히 했었다고 합니다. 그러다가 '이건 뭐지? 아닌 것 같은데?' 하는 생각에 180도 돌아서서 유학을 비판합니다. 비판도 알아야 할 수 있죠. 묵자는 유학의 어떤 점이 잘못됐는지 제대로 알고 있었고, 그래서 반유학 전선을 펼쳤습니다. 결국 묵자의 모든 이론은 유학에 반대하는 것이라고 볼 수 있습니다.

묵자의 유명한 이론은 두 가지가 있습니다. 첫 번째는 '겸애설兼愛說', 정확하게는 '겸애교리설兼愛交利說'입니다. 겸애를 통해서 교리하자는 말입니다. 그러니까 목적은 교리죠. 겸애라는 방법을 통해서 교리로 가자는 겁니다. '겸애'는 모두를 사랑하자는 말입니다. 차별 없는 사랑이라고 해석합니다. 묵자 스스로 자신의 이론을 '겸애설'이라고 부르지는 않았습니다. 묵자가 한 말을 해석한 것인데, 그럼 묵자의 말을 살펴봅시다. "요즈음 세상에 유행하는 사랑이 있던데, 내가 보기에는 진정한 사랑이 아니라 거짓 사랑이더라." 요즘 유행하는 사랑이란 '별애別愛'입니다. 차별적인 사랑이죠. 높은 사람만 좋아하고, 가까운 사람만 좋아하고, 순서를 둬서 사랑하는 것 같더라는 겁니다. 그런데 이 '별애'는 누구의 이론입니까? 사랑에도 순서가 필요하다는 것은 공자의 이론이죠. 묵자는 공자의 '인'을 비판합니다. '인'이라는 사랑이 유행하는데 그건 거짓 사랑이고, '겸애'가 진정한 사랑이라고 하는 겁니다. 차별 없는 사랑을 통해서 '교리交利'하자, 서로서로 이익을 보자고 주장합니다. 상호간의 이익, 사회적 이익이라고 할 수 있습니다. 결국 묵자는 모두 차별 없이 사랑해서 궁극적으로 우리 모두가 이익을 보는 세상이 좋다고 말하는 겁니다.

이 말에 묵자가 본 혼란의 원인이 나와 있습니다. '겸애교리설'은 일종의 해결책입니다. 모두 사랑하면 모두 이익을 본다는 것은 이미 해결된 상황을 가리키는 것이죠. 그렇다면 묵자가 말하는 혼란의 원인은 무엇일까요? 모두가 '별애'를 해서 모두가 '편익'을 취했다, 즉 구별해서 사랑했기 때문에 몇몇만 이익을 봤고, 그래서 세상이 혼란스러워졌다는 겁니다.

'겸애'는 일종의 인류애적 사고방식이 드러나는 말이고, '교리'는 공리주의적 발상입니다. 공리주의는 '최대다수의 최대행복'을 주장하는 19세기 서양 철학이죠. 우리 교과서에서는 '겸애'에 더 무게를 두고 설명합니다. 그런데 인류애라고 하면 떠오르는 인물이 또 하나 있죠. 바로 예수입니다. 한 신학자가 자신의 연구에서 예수와 묵자가 정말 관련이 있을 수도 있다고 결론을 내렸는데, 그 타당성을 인정받고 있습니다.

공리주의(功利主義, Utilitarianism)

19세기 영국의 사회 윤리 철학으로, 윤리적 행위의 원칙으로 '유용성의 원리'를 내세워 목적론적 윤리설의 대표로 여겨진다. 벤담과 밀이 공리주의의 대표 철학자인데, 벤담은 도덕과 입법의 원리로서 '최대다수의 최대행복'을 주장한다. 개인의 이익 총량이 큰 것이 정의라는 주장은 소수의 희생을 강요하는 다수의 횡포라는 비판을 받는다. 밀은 쾌락(이익)의 질적 측면을 고려할 것을 주장한다.

　　2000년 전에 예수가 태어났을 때 예수의 탄생을 축하하기 위해 동방박사들이 찾아왔습니다. 별이 떨어지는 것을 보고는 "이곳에서 인류의 별이 태어났도다!" 하며 찾아왔죠. 그러면서 선물을 주고 갑니다. 이 동방박사는 동쪽 지방에서 온 지식이 많은 사람들을 뜻합니다. 그런데 예수가 태어난 곳은 중동 지방, 이스라엘이죠. 중동 지방의 동쪽은 인도, 중국입니다. 그래서 이 동방박사가 묵자의 후학들일 가능성이 많다고 이야기합니다. 묵자는 피지배층주의를 주장했습니다. 이후 통일대제국을 이룩한 진나라의 시황제나 신료들이 묵자를 좋아할 리가 없죠. 당시 지배층 입장에서 보면 완전히 빨갱이였을 테니까요. 그래서 묵자의 후학들을 전부 죽이는데, 그중 일부가 도망을 쳐서 살 곳을 찾아 돌아다니다가 예수를 만난 겁니다. 이 사람들이 어린 예수에게 "사랑은 이런 거야" 하면서 가르침을 준 스승이 아닐까 하는 생각이 듭니다.

우선 묵자와 예수의 말이 매우 흡사합니다. 예수의 유명한 발언 가운데 "네 이웃을 네 몸같이 사랑하라"라는 말이 있습니다. 그런데 이 말은 묵자의 책에서도 찾아볼 수 있습니다. '이웃 린鄰' 자와 '몸 신身' 자를 써서 "이웃과 내 몸은 같으니, 이웃을 내 몸처럼 사랑하라"고 합니다. 묵자가 예수보다 200년 먼저인데, 묵자의 논리가 흘러들어가지 않고서야 어떻게 예까지 똑같을 수 있을까요? 이것 말고도 형제애에 대한 이야기도 똑같고, 다른 이야기도 정말 비슷합니다. 이렇듯 묵자와 예수의 인류애적 사고방식, 모든 사람을 사랑하자는 논리는 공통점이 매우 많아 보입니다.

공자는 '인'을 되찾기 위한 방식으로 '예'와 '음악'을 이야기했는데 이를 '예악론'이라고 합니다. 묵자는 '겸애교리설'로 공자의 '인'도 비판하고 '예악'도 비판합니다. 또한 묵자는 '절약을 해야 한다'는 '절용론節用論'을 주장했습니다. 묵자의 절용론에는 두 가지 이론이 있습니다. '절장론節葬論'과 '비악론非樂論'입니다. '절장론'의 '장'은 장례식이고, '비악론'의 '악'은 음악을 말합니다. 장례식을 특히 줄이고 음악을 삼가자는 뜻입니다.

유학은 '예'를 강조하는 학문입니다. 그중에서도 가장 강조하는 예는 바로 장례입니다. 유학에서 효는 살아 계실 때만이 아니라 돌아가실 때, 돌아가신 후에도 해야 하는 것이기에 장례를 매우 중시합니다. 돌아가신 후 기본적으로 삼년상을 지냅니다. 오년상, 십년상도 있고, '시묘살이'도 있습니다. 장례식이 끝난 후 산소 옆에 움막을 짓고 3년 동안 묘를 관리하고 끼니마다 상을 올리고 죄송하다고, 잘못했다고 울면서 좋은 곳으로 가시길 비는 것을 '시묘살이'라고 합니다. 이걸 누구나 할 수 있을까요? 먹고살 걱정 없는 부자들이나 가능하죠. 형식적으로만 하는 겁니다. 움막에서 자지도 않고 왔다 갔다 하면서 효자 행세만 하고는 집 앞에 효자비를 세우는 겁니다. 가난한 사람들은 할 수가 없죠. 하루 벌어서 하루 먹고사는데 일도 안 하고 3년 동안 어떻게 하겠습니까. 묵자는 이 시묘살이를 안 하는 것이 불효가 아니라 이런 제도를 강조하는 유학이 잘못됐다고 지적합니다. 형식이 잘못된 거지 사람이 잘못된 것이 아니라고 하면서 장례를 줄이자고 이야기합니다.

묵자는 '절용'을 주장하면서 사치를 하지 말고 생산에 힘쓰고 소비를 줄여야 한다고 합니다. 이렇게 생산에 힘쓰는 사람들은 가난한 사람들입니다. 열심히 일하고 아껴 쓰는 건 가난한 사람들의 몫이지, 부자들의 이야기가 아닙니다. 이렇듯 묵자의 사상에는 가난한 사람들을 위하는 생각이 들어 있습니다.

그리고 묵자는 음악도 삼가라고 주장합니다. 공자가 음악을 통해 정서를 함양하라고 했는데 그건 팔자 좋은 이야기일 뿐, 묵자는 "음악 들을 여유가 있느냐?" 이렇게 말합니다. 음악은 먹고살기 편하고 여유가 있어야 들을 수 있는 것인데, 공자는 완성된 인간이 되려면 정서함양을 위해 음악을 들어야 한다고 말합니다. 그렇다면 먹고살기에 바빠 음악을 들을 수 없는 가난한 사람들은 완

성된 인간이 될 수 없는 것일까요? 묵자는 음악을 듣지 않는 사람들이 문제가
아니라, 여건이 되지 않는 사람들에게 음악을 들으라고 하는 것이 잘못되었다
고 이야기합니다.

인도에 '건다르Gundar'라는 신이 있는데, 이 신은 이슬만 먹으며 하루 종일
악기를 연주합니다. 인도에서 시작된 불교가 우리나라에 전파될 때 인도의 말
도 함께 들어오면서 '건다르'라는 말도 들어왔습니다. 풍자와 해학을 아는 어떤
분이 마을에 맨날 놀고먹기만 하는 사람을 보며 이렇게 이야기합니다. "네가
무슨 건다르라도 되냐? 맨날 놀고먹게." 그러면서 '건달'이라는 말이 생겨난 겁
니다. 즉 음악은 좀 놀고먹는 느낌이 많이 나죠. 그래서 묵자가 음악은 안 된다
고 하는 겁니다. 사치하지 말고 아껴 쓰고 열심히 일하면서, 장례를 줄이고 음
악을 삼가야 한다고 주장합니다. 장례와 음악을 비판하니 결국 공자의 인과 예
악론을 비판하는 것이고, 결론적으로 묵자의 사상은 반유학이 되는 겁니다.

8
노자

도가에는 두 명의 사상가가 나옵니다. 노자와 장자인데, 우선 노자에 대해서 알아보겠습니다. 노자는 한자로 '老子'라고 씁니다. 아시다시피 '자'는 선생님이라는 뜻으로 공경의 의미이고 '노'는 늙었다는 뜻이니, '늙으신 분'이라는 뜻이됩니다. 다시 말하면 노자는 노씨가 아닙니다. 노자는 일종의 별명인데 그걸로봐서 학문적으로 등장했을 때 이미 나이가 많았던 것이 아닐까 싶습니다. 노자는 생몰연대가 없고 그저 추측만 있습니다. 그래서 실존 인물이 아닐 수도 있다는 이야기까지 나오고 있습니다. 한편 노자가 '이이李耳'라는 인물이라고 주장하는 사람도 있습니다.

노자는 무덤도 없습니다. 노자의 저서로는 『도덕경』이 있는데, 이 책은 제대로 쓰려고 쓴 책이 아닙니다. 옛날에 중국의 서쪽 산시성(티벳과 가까운 지역)을 지키던 장수가 있었습니다. 어느 날 성으로 어떤 노인이 들어왔는데, 장수가 뭐하는 노인이냐고 묻자 여행을 다닌다고 했습니다. 이런저런 이야기를 주고받던 중 혹시나 싶어 장수가 노인에게 물었습니다. "혹시 노자님 아니십니까?" 그러자 노인이 이렇게 답했습니다. "뭐 남들이 그렇게 부릅디다." 그래서 장수가 자신이 모시겠다고 청했는데 노자는 인도로 여행을 가려 한다고 했죠. 장수가 언제 돌아올지 물으니 노자는 늙어서 돌아오지 못할 수도 있겠다고 했습니다. 장수가 그러면 가르침을 달라고 부탁하자 노자가 며칠 더 머무르면서 가르침을 주었고, 그것을 정리한 책이 『도덕경』이라는 겁니다. 그 후 노자는 길을 떠났고 돌아온 기록이 없습니다. 그러니까 무덤도 없는 거죠. 중국에 있는 노자의 무덤은 시신이 없는 가짜 무덤입니다.

어쨌든 노자가 미지의 인물인 건 맞습니다. 어떤 학설에서는 '노자'라는 이름으로 불리는 어떤 집단이며, 노자의 사상은 이 집단이 이야기한 걸 종합한 것이라고도 합니다.

"道可道 非常道"

도 가 도 　 비 상 도

: 도는 말로써 한정할 수 있는 성질의 것이 아님.

의문점은 뒤로하고 노자의 사상에 대해 살펴보겠습니다. 그전에 여러분이 오해를 풀어야 하는 것이 있습니다. 노자의 책으로 알려진 『도덕경』은 도덕에 대한 경전이 아니라는 겁니다. '도덕'이라는 말은 주로 유학에서 씁니다. 도가에서는 '도덕'이라는 말을 하지 않습니다. 도가의 도덕은 윤리적으로 말하는 도덕이 아니라 '도와 덕'을 말합니다. 도경과 덕경, 그래서 『도덕경』입니다. 도와 덕이 무엇인지를 알면 노자의 사상이 보일 겁니다.

'도道'는 우주 자연의 원리, 법칙에 가까운 의미입니다. 우주 전체를 아우르는 기본 원리가 바로 노자의 '도'입니다. 요즘으로 말하면 천체물리학을 연구하는 겁니다. 블랙홀 이론, 빅뱅 이론 같은 모든 우주 자연의 원리가 한마디로 '도'의 원리인 겁니다. 그리고 이 '도'의 원리는 자연스러움의 원리라고 노자는 설명했습니다.

우주가 '도'로 이루어져 있듯이, 그 '도'가 인간에게도 들어와 있는데, 인간이 가지고 있는 '도'의 원리가 바로 '덕(德)'입니다. 우리 마음 안에 들어 있으니 '덕성'이라고 합니다. '도'는 자연스러움의 원리인데, 그 자연스러움의 원리가 우리 안에 있습니다. 그러니 우리의 덕성도 자연스럽겠죠. 그래서 '자연적 덕성', '자연적 본성'이라고 합니다.

'도'는 우주 삼라만상 모든 것에 있는 것이고, '덕'은 그 원리가 인간에게 들어와 차지하고 있는 본성을 말합니다. 이건 유학과 똑같습니다. 유학에서의 '4덕'도 우리 마음 안에 들어와 있는 본성을 가리키는 말이죠. 차이점이라면 노자의 '덕'은 자연적인 것이고, 유학의 '덕'은 윤리적 본성입니다.

'도'의 특성을 설명하는 노자의 유명한 문장이 있습니다. 도가도 비상도(道可道 非常道), 도를 말로 설명한다면 진정한 의미의 도가 아니라는 뜻입니다. '도'가 무엇이냐고 물었을 때, 그것에 대해 설명을 했다면 이미 진정한 '도'가 아닌 것입니다. 즉 '도'란 인간의 언어로 설명할 수 없는 정말 엄청난 것이기 때문에 인간의 언어로 설명하는 순간 한정되어버립니다.

예를 들어보겠습니다. '김성묵은 바보'라고 규정했습니다. 하지만 이 말이 김성묵을 모두 나타내는 것은 아닙니다. 바보인 김성묵도 있지만 다른 여러 가지 모습들도 있잖아요. 그런데 그렇게 규정하는 순간 김성묵은 바보가 되어버립니다. 더 이상 다른 특징은 설명할 수 없고 사라져버리죠. 마찬가지로 '도'도 뭐라고 표현하는 순간 너무 작아져버린다는 겁니다. 그래서 노자는 '도'는 말로 표현할 수 없는 것이라고 합니다.

　노자는 또한 '명가명 비상명名可名 非常名'이라는 말도 했습니다. 이름을 '이것'이라고 정하면 더 이상 이름이 아니라는 겁니다. 너무 작아진다는 거죠. 어떤 물건을 '연필', '종이'라고 규정하는 순간 그 물건은 그것 이외의 쓰임은 할 수 없다는 겁니다. 여러 가지로 사용할 수 있는데 이름을 정하는 순간 그 이름에 맞는 쓰임으로 한정될 수밖에 없다고 노자는 이야기했습니다.

　노자 이야기를 하다 보니 한 가지 옛 추억이 떠오르네요. 중국 베이징 대학교 철학과 학생들이 우리 학교와 자매결연을 맺고 학교를 방문한 적이 있었습니다. 그때 저는 기숙사에서 지내고 있었는데, 중국 학생들이 기숙사 방에 한 명씩 배정되었습니다. 같이 놀며 교류를 해보라는 취지였는데, 말도 안 통하는 처음 보는 외국인 학생과 뭘 하며 놀겠습니까. 그 학생이 영어를 조금 하는 것 같아서 아는 영어를 총동원해 더듬더듬 소개도 하고 이런저런 이야기를 나누었는데, 채 5분밖에 지나지 않았습니다. 그러고는 다시 적막이 흘렀죠. 그러다가 중국 학생이니 한자로 소통할 수 있겠다 싶어서 제 이름을 한자로 써서 보여줬더니 그 친구가 상당히 신기해하더군요. 중국인들은 한자를 간체자로 쓰는데 제가 정자를 쓰니 신기했나 봅니다. 그 친구가 관심을 보이자 이번엔 무엇을 써서 보여줄까 잠시 고민했는데, 그때 문득 떠오른 것이 노자의 '도가도 비상도'였습니다. 중학교 때 한문 교과서에 나왔던 문장이고 주관식으로도 자주 출제되어 외우고 있었거든요. 그 말을 써서 보여줬더니 중국 학생이 다소 당황한 표정으로 어떻게 이 말을 아느냐고 묻더군요. 중국에서는 석사, 박사 과정에서야 도의 의미에 대해 공부하는데, 이 문장을 한국의 어린 학생이 알고 있다니 놀랄 만도 했겠죠. 그 중국 학생이 지금 교수가 되어 대학에서 강의를 하고 있다면 한국에 대해 높이 평가할 수도 있을 겁니다. 중학생 때부터 노자의 『도덕경』을 공부한다면서요. 이렇듯 철학을 전공하는 중국인들도 놀랄 정도로 엄청난 문장이 바로 노자의 '도가도 비상도'입니다.

노자가 '도'는 말로 도저히 표현할 수 없는 것이라고 했는데, 그래도 굳이 표현한다면 어떤 말을 쓸 수 있겠느냐고 물었습니다. 그래서 노자가 다시 한 문장을 썼습니다. '도법자연道法自然'. 여기서 법은 '본받는다'는 의미로, 도는 자연을 본받았다는 말입니다. 여기서 말하는 자연은 환경을 뜻하는 게 아니라 더 큰 개념입니다. 자연을 글자 그대로 풀이하면 '스스로 그러함'이 되는데, 모든 존재들의 스스로 그러함이 바로 노자의 자연입니다. 우주에는 모든 만물이 스스로 그러한 모습으로, 자기들 나름의 잘난 모습으로 살고 있습니다. 우리도 스스로 그러한 모습으로 존재하고 있습니다. 그걸 인정하면서 살아가고 스스로 그런 원리를 깨달으면서 살면 된다는 겁니다. 쉽지 않죠? 막연합니다. 자연스러움의 의미를 깨달아야 한다는 건데 쉽지 않습니다. 이 의미를 찾아가는 게 도가입니다. 그러면 노자가 말하는 자연스러움에 대해 하나씩 살펴보겠습니다.

"無爲自然"
무　위　자　연

: 전혀 손대지 않은, 있는 그대로의 자연.

노자는 인간이 가지고 있는 감각적 편견 때문에 혼란이 일어난다고 생각합니다. 사람은 감각적 착각을 많이 합니다. 제주도 한라산으로 가는 길에 '도깨비 도로'라는 길이 있습니다. 눈으로 보면 분명히 오르막길인데 차를 세우고 기어를 중립 상태로 두면 차가 아무런 동력도 없이 올라갑니다. 중력의 법칙을 거스르는 것처럼 보입니다. 사실 이 길은 내리막길인데 주변의 지형지물 때문에 사람의 눈에 오르막길로 보이는 겁니다. 이런 것들이 일종의 감각적 착각입니다.

　　텔레비전 광고에서도 이런 착각을 경험할 수 있습니다. 잘생기고 예쁜 모델들이 나와서 예쁘고 아름다운 상황을 만들어 보여주는데 실제 생활에서도 그럴 수 있을까요? 그렇지 않죠. 이렇듯 사람들은 생활 속에서 많은 착각을 하면서 살고 있습니다.

그런데 감각적 편견만이 문제가 아니라 인위적인 제도나 규범들, 더 나아가 인간이 만든 모든 문명이나 국가 자체도 문제라고 노자는 말했습니다. 이런 것들은 지극히 인위적이기 때문이죠. 결국 혼란은 인간이 가진 감각적인 편견들과 인위적인 제도, 규범들이 더해지면서 벌어지는 것이라고 합니다.

그렇다면 노자의 해결책은 무엇일까요? 노자가 우리 앞에 있다면 어떻게 이야기했을까요? 분명히 "인위적이 되지 마라" 또는 "감각적이 되지 마라" 하고 이야기했을 겁니다. 혼란의 원인이 감각적이고 인위적인 것 때문이라면 그러지 않으면 되겠죠. 그게 바로 노자의 '무위자연無爲自然'입니다. 인위적인 것 없이 자연스럽게 살라는 겁니다. 노자는 자연스럽게 사는 것은 어렵지 않다며 어린아이처럼 살면 된다고 했습니다.

'무위자연'과 관련하여 노자는 '상선약수上善若水'를 이야기했습니다. '최고의 삶이란 물과 같은 것'이라는 의미입니다. 그러니까 노자는 어린아이가 물처럼 산다고 본 겁니다. 물이 어떻게 살기에 노자가 이렇게 말했을까요? 이에 대한 노자의 설명을 살펴봅시다.

물은 겸허謙虛하고, 부쟁不爭하고, 청정과욕淸淨寡慾하다고 했습니다. 물은 높은 곳에서 낮은 곳으로 흐르죠. 자기 스스로 낮은 곳으로 가려고 하니 물은 겸손합니다. 두 번째, 물은 흘러가다가 큰 바위나 산이 있으면 뚫고 지나가지 않고 굽어 돌아갑니다. 즉 부딪쳐 싸우려고 하지 않는다는 겁니다. 마지막으로 물은 맑고 깨끗하며 욕심도 적습니다. 또한 물은 '리만물利萬物', 즉 만물을 이롭게 합니다. 그리고 물은 유약해서 아기가 쳐도 흩어지고 퍼지지만 그러다가 다시 합쳐집니다. 외유내강外柔內剛과 같은 느낌입니다. 약해 보이나 정말 강하죠. 그리고 우리는 물 때문에 정화되기도 합니다. 이 모든 것이 자연스러운 것이라고 노자는 이야기합니다.

이것과 비슷한 의미로 노자는 '3보寶'를 언급합니다. 인생을 살면서 우리가 가져야 할 세 가지 보물, 즉 자비와 검소, 겸손을 '3보'라고 합니다. 자비는 부쟁과 뜻이 통하고, 검소는 과욕, 겸손은 겸허와 뜻이 통합니다. 여기서 눈여겨볼 것은 '자비'입니다. 불교에서 많이 쓰는 용어인데 사실 이 말은 노자가 먼저 썼습니다. 노자의 '자비'는 싸우지 않는 것, 베푸는 것, 도와주는 것으로, 불교의 '자비'와 유사한 의미라고 할 수 있습니다.

노자는 자연스럽게 사는 것을 강조합니다. 하지만 그런 삶을 인위적으로 영위하라는 말은 아닙니다. 노자의 '덕'은 우리의 자연적 본성으로 풀이할 수 있는데 이 자연적 본성의 구체적 내용이 있습니다. 이에 대해 노자는 '무지無知하고 무욕無慾한 자연적 본성'이라고 말했습니다. '무욕'은 욕심이 없다는 뜻으로 원래 우리는 욕심을 갖고 있지 않다는 겁니다. '무지'는 아는 게 없다는 거죠. 노자의 '무지'와 '무욕'은 긍정적 의미입니다. 노자는 자연스러움의 방법으로 무지와 무욕을 제시합니다. 욕심이 없고 아는 게 없는 상태를 예쁘다고 보는 겁니다. 노자가 보는 지식은 '인위적 지식'이기 때문입니다.

그러므로 정치는 무지와 무욕의 상태를 유지시켜야 합니다. 그래서 아무것도 하지 않는 무위의 정치를 주장합니다. 그게 바로 '무치無治'이고 이 무치가 이루어진 사회가 '소국과민小國寡民', 작은 나라입니다. 노자가 말하는 작은 나라는 어느 정도로 작은 걸까요? 노자는 옆 나라 닭 울음소리에 내가 잠을 깨는 나라를 이야기했는데, 닭 울음소리가 들리려면 몇 집밖에 없어야겠죠? 그렇게 작은 나라가 살기 좋은 나라라고 합니다. 결국 노자는 나라를 부정하는 것이 아니라 다만 그 크기가 작은 것이 좋다고 주장합니다. 일종의 작은 정부론이죠.

그러면 도가의 '도'와 유학의 '도'는 어떻게 다를까요? '덕'은 또 어떻게 다를까요? 먼저 도가에서의 '도'는 간단하게 말하면 자연법칙입니다. 조금 더 구별을 해보면 노자는 '도'는 인간의 언어로 형언할 수 없는 것이며 자연스러운 것이라고 했습니다. 장자는 '도'는 개미나 땅강아지에게도 있는 것이라고 합니다. 벽속이나 기와에도 있고 대소변에도 있는 것이라고 합니다. 친구가 장자에게 도가 무엇인지 물었는데 장자가 도는 어디에나 언제나 있다고 답했습니다. 보편적으로 존재한다는 거죠.

그렇다면 유학의 '도'는 뭘까요? 공자는 도가 실현되었다는 말을 들으면 오늘 저녁에 죽어도 좋다고 했습니다. 그래서 유학을 구도의 원리라고도 말합니다. 유학에서는 하늘이 우리에게 '성'을 주었다고 했고 '성'을 실천하는 것을 '도'라고 하며, '도'가 무엇인지 가르치는 것을 교육이라고 합니다. 그래서 유학의 '도'는 '예'라고 할 수 있고 또한 윤리법칙이라고도 설명합니다. 공자는 세상에 '도'가 실현되길 바랐던 겁니다. 다른 말로는 '윤리'가 실현되길 바란 겁니다.

유학과 도가 모두 '덕'에 대해 공통된 개념을 갖고 있습니다. '덕'이 부여된 인간의 본성을 가리킨다는 점은 같습니다. 그런데 유학에서는 본성으로 '4덕', 인간의 '윤리적 본성'을 이야기합니다. 도가의 '덕'은 '자연적 본성'을 말합니다.

유학의 '덕'이 인의예지라면 도가의 '덕'은 무지, 무욕의 본성입니다.

　여기까지 노자의 사상에 대해 정리하고 유학과 도가에서 말하는 '도'와 '덕'을 비교해보았습니다. 다음 장에서는 장자에 대해 알아보겠습니다.

9

장자

장자는 『장자』라는 책으로 유명합니다. 동양의 대표적인 철학서인데, 내용을 보면 철학이 아니라 온통 동물과 관련된 비유로 이루어져 있습니다. 『장자』는 화장실에서 잠깐씩 읽어보기에도 좋은 책입니다. 각 이야기의 끝부분에서 장자는 독자에게 질문을 던집니다. 그런데 별것 아닌 것 같은 이 질문에 쉽게 답을 할 수가 없습니다.

『장자』의 대표적인 이야기가 '호접지몽胡蝶之夢'입니다. 장자가 낮잠을 자다가 꿈을 꿨는데 꿈속에서 나비가 되어 훨훨 날아다녔다고 합니다. 장자가 이렇게 묻습니다. "제가 이런 꿈을 꿨는데 참 헷갈리네요. 여러분, 제가 사람인데 나비 꿈을 꾼 건가요, 나비인데 사람 꿈을 꾸고 있는 건가요?"

다른 동물 이야기를 살펴볼까요? 모기, 개구리, 뱀, 돼지, 인간이 있습니

다. 개구리가 모기를 먹고, 뱀이 개구리를 먹고, 돼지가 뱀을 먹습니다. 그리고 그 돼지를 인간이 먹죠. 그리고 모기는 인간의 피를 빨아 먹습니다. 이렇게 관계를 만들어놓고 장자가 물어봅니다. "누가 가장 맛있는 걸 먹을까요?" 여러분은 대답할 수 있겠습니까?

장자의 글은 온통 이렇습니다. 길지도 않고 간단합니다. 그리고는 항상 물어봅니다. 그런데 답을 하기가 무척 어렵습니다. 장자는 대체 무슨 이야기를 하는 것일까요? 장자의 사상을 살펴보면 장자가 하려는 말이 무엇인지 알 수 있습니다.

"逍遙遊"
소 요 유

: 편안하고 한가롭게 마음을 자적하는 것.

장자는 노자가 말한 감각적인 것, 인위적인 것이 문제라고 전제를 한 후, 인간이 가진 '이기적 편견'이 사회 혼란의 원인이라고 이야기합니다. 이건 '성악설'은 아닙니다. 편견은 일종의 사고방식의 문제인데, 편견이 있다는 건 매우 자기중심적이라는 겁니다.

인간은 이 '이기적 편견'을 가지고 편가르기를 합니다. 옳고 그름, 선과 악, 예쁜 것과 못생긴 것, 내 편과 남의 편 등 모든 구분이 이기적 편견에 의해서 이루어지는 것입니다. 그러한 구분을 통해 차별이 시작되는 거죠. 장자는 이게 바로 혼란의 원인이라고 생각합니다.

결국 혼란의 원인은 '분별적 지혜'입니다. 구분하고 차별하는 게 문제가 되는데, 그런 구분과 차별은 나만의 이기적인 편견에서 나온 것이죠. 하지만 그런 생각이 과연 맞는 것일까요?

우리나라에서 제일 예쁜 사람이 누군가요? 김태희? 한가인? 제 눈에는 제 아내가 더 예쁩니다. 왜 그럴까요? 여러분의 부모님에게 누가 예쁘냐고 물어보면 여러분이 가장 예쁘다고 대답할 겁니다. 장자가 던진 논리가 이겁니다. 특정한 누군가가 예쁘다고 세상이 이야기하는데 과연 객관적인 근거가 있는가. 우리 중에 누가 가장 예쁜지 물으면 장자는 다 예쁘다고 할 겁니다. 그런데 우리는 어느 한 사람이 예쁘다고 말합니다. 이게 옳고 이게 선이라고 이야기합니다. 장자가 보기에는 어이가 없는 상황이겠죠. 장자는 이렇게 말할 겁니다. "그건 너희의 생각이고 너희의 기준일 뿐이지."

그래서 장자가 나름의 해결책을 제시합니다. A와 B가 있는데 누가 예쁠까요? 장자의 답은 "둘 다 예쁘다"입니다. A도 A 나름대로 예쁘고, B도 B 나름대로 예쁘다는 거죠. 그러니 모든 사물을 평등하게 보라고 이야기합니다. 이를 '제물齊物'이라고 하는데, '가지런할 제' 자를 써서 모든 걸 가지런하게 평등하게 보라는 뜻입니다. 그리고 평등해진 사물과 내가 하나가 되자고 말합니다. '물아일체物我一體'입니다. 만물에 대한 '절대평등론'으로 평가할 수 있습니다.

우리가 누구는 예쁘고 누구는 밉다고 하면 미움받는 사람은 괴로울 겁니다. 그런데 문제는 예뻐하고 미워하는 나도 괴롭다는 겁니다. 누구를 미워하려면 나도 에너지를 써야겠죠. 그런데 둘이 똑같아지는 순간 나도 편해진다는 겁니다. 그렇게 되면 우리가 '소요유逍遙遊'할 수 있다고 합니다. '소요'는 어슬렁거리는 거고, '유'는 '놀 유' 자입니다. 어슬렁어슬렁 놀 수 있다는 거죠. 그래서 이건

'완전자유론'이라고 평가합니다. 절대적 자유의 경지를 이야기하는 겁니다. 장
자는 이 경지로 가자고 주장합니다.

"逍遙自在"
소 요 자 재

: 구속됨이 없이 자유로이
  슬슬 거닐어 돌아다님.

그러면 어떻게 해야 할까요? 장자는 특이하게 수양 방법을 제시했습니다. '좌망'과 '심재'입니다. '좌망坐忘'은 뜻 그대로 풀면 앉아서 잊어버리라는 겁니다. 앉은자리에서 '얘는 예뻐, 얘는 착해, 얘는 미워, 얘는 나빠' 이런 생각들을 머릿속에서 지워버리는 겁니다. 그렇게 했는데, 문제는 다음 주에 또 만나면 나도 모르게 다시 내 기준을 적용해서 판단하고 평가를 하게 된다는 겁니다. 그러지 않으려면 내 마음 깊이 있는 나만의 기준을 없애야 하는데, 그걸 바로 '심재心齋'라고 합니다. 마음을 비우고 나만의 기준을 없애버리는 겁니다. 좌망과 심재를 끊임없이 해야 한다고 장자는 이야기합니다.

또한 '소요자재逍遙自在'하라고 합니다. 중요한 건 '자재'입니다. 스스로의 모습으로, 스스로의 매력으로 존재하는 겁니다. 외물에 집착하지 않는 자세가 중요합니다. 요즘 사람들은 특히 외물에 집착하는 것 같습니다. 자신의 겉에 두른

물품을 자랑하고 그것에 집착하는 것은 자기 스스로 못났다고 보여주는 꼴입니다. 겉모습이 아니라 자신의 건전한 사고와 건강한 몸 등에 자신이 있으면 되는 겁니다. 장자는 현대의 우리에게 유용한 가르침을 이야기합니다. 외물에 집착하지 말라고, 그게 스스로를 못나 보이게 하는 일이라고요. 그리고 장자는 자꾸 마음을 비워 '허심虛心'의 경지에 이르라고 말합니다.

이런 상태에 도달한 인간을 장자는 '지인至人', '진인眞人', '신인神人', '천인天人'이라고 했습니다. 한자 그대로 지극한 인간, 진실한 인간, 신과 같은 인간, 하늘과 같은 인간입니다.

장자의 사상은 이렇습니다. 그러면 다시 처음으로 돌아가봅시다. 모기, 개구리, 뱀, 돼지, 인간 중에 누가 가장 맛있는 걸 먹을까요? 장자의 논리에 따르면 모두가 다 맛있는 걸 먹습니다. 다 나름대로 최고의 미식가인 겁니다. 호접지몽, 뭐가 맞습니까? 사람인데 나비 꿈을 꿀 수도 있고, 나비인데 사람 꿈을 꿀 수도 있습니다. 결국 장자가 말하고자 하는 바는 자기 생각만이 진리라고 여기지 말라는 겁니다. 세상은 상대적일 수 있음을 인정해야 합니다. 자기만 맞는다고 생각하는 건 자신만의 오해이자 착각이라고 이야기하는 사람이 장자입니다.

10

불교

'불佛'은 '부처'를 한 글자로 쓴 겁니다. 부처는 'Budda'를 한자식으로 표현한 것으로, '깨달은 자'라는 뜻입니다. 부처를 석가모니라고도 부릅니다. 석가모니는 '석가족 출신의 성인'이라는 뜻입니다.

　불교에 대해 본격적으로 알아보기 전에, 딱 한마디로 말하면 불교는 어떤 사상일까요? 앞서도 설명했는데, 석가모니의 원래 이름은 고타마 싯다르타입니다. 고타마 싯다르타가 깨달음을 얻고 석가모니, 혹은 붓다라고 불리게 됩니다. 고타마 싯다르타일 때 그는 인생의 온갖 쾌락을 맛보았는데, 쾌락이 인생의 전부는 아니라는 생각에 집을 나가서 쾌락에 정반대되는 행동을 합니다. 온갖 고행을 하죠. 그리고 깨달음을 얻습니다. 석가모니가 깨달은 삶의 길은 쾌락도 아니고 고통도 아닙니다. 그 중간쯤의 즐거움, '중도中道'입니다. 그래서 불교는 한마디로 '중도주의'라고 할 수 있습니다. 그렇다면 '중도'는 어떤 의미일까요?

<h1>"因緣生起"</h1>
인 연 생 기

: 모든 인연은 이어져 있고 정해져 있음.

'중도'의 의미를 알기 위한 첫 번째 이론은 '인연생기설因緣生起說'입니다. '인연설' 또는 '연기설'이라고도 하는데 '인연생기설'을 줄인 말입니다. 이 이론은 고대 인도의 사고방식인 '윤회輪廻' 사상에서 출발합니다. 윤회는 현생과 전생, 내생의 연관성을 설명하는 인도 고유의 사고방식으로, 이 사고를 응용해 석가모니가 주장하는 것이 바로 '인연생기설'입니다.

'인'은 원인, '연'은 조건이라는 뜻입니다. 모든 일에는 나름의 원인과 조건이 있고 그것들에 의해서 지금의 결과가 나왔다는 주장입니다. 세상 모든 현상, 모든 존재는 이럴 수밖에 없는 나름의 원인이나 조건이 있었고 그래서 결과가 이렇게 나올 수밖에 없었다는 거죠. 다시 말하면 세상의 모든 일들은 '필연적'이라는 게 불교의 사고방식입니다. '생기'는 생겨나기도 하고 일어나기도 한다는 말입니다. 원인과 조건에 따라서 생겨나기도 하고 일어나기도 한다는 게 '인연생기설'입니다.

이것의 예로 석가모니는 "이것이 생하면 저것이 생하고, 이것이 멸하면 저것이 멸한다"고 이야기합니다. 예를 들어 성묵이가 있고, 진기가 있고, 민석이가 있고, 개가 있습니다. 세상의 모든 존재입니다. 그러면 성묵이로 인해 진기가 있고, 진기로 인해 민석이가 있고, 민석이로 인해 개가 있고, 개로 인해 성묵이가 있는 겁니다. 그렇게 우리는 서로 원인이 되고 결과가 됩니다. 모든 존재가 원인과 결과가 엮여 있다고 생각하는 겁니다. 어떠한 존재도 존재의 원인이 없는 것은 없습니다. 존재한다면 그럴 수밖에 없는 원인이 반드시 있는 겁니다.

그런데 극단적으로 세상에 성묵이와 개만 있다고 가정합시다. 그러면 성묵이로 인해 개가 있죠. 또 개로 인해 성묵이도 있습니다. 성묵이로 인해 개가 있는 것이지만, 반대로 성묵이가 없으면 개도 없는 것입니다. 이 문장을 '생멸론'이라고도 합니다. 필연적으로 엮여 있다는 이야기입니다. 성묵이로 인해 개가 있고 개로 인해 성묵이가 있으니까, 극단적으로 말하면 성묵이는 또 다른 의미로 개고 개는 성묵이입니다. 그럼 결국 '성묵=개'인 겁니다. 세상에 존재가 두 개뿐이라면 그렇게 되죠. 그래서 이 입장에서 세상의 모든 것은 나름의 원인과 결과의 관계로 엮여 있다는 '인과관계론', 또는 '상호의존성'을 설명하는 말이라고 해석합니다.

이 주장이 가장 중요한 이유는 이것이 동양의 대표적 사유방식이기 때문입니다. 특히 불교가 내세우기는 했지만, 중국과 한국에서도 이런 입장을 찾아볼 수 있습니다. 관계적 사고방식이나 의존적 사고방식이 강하죠. 중국의 한자를 보세요. '사람 인(人)'이라는 글자는 사람 두 명이 서로 기대어 있는 모습을 형상화한 거죠. 사람은 기대어 있는 존재라는 겁니다. 타인에 의존적인 존재입니다. 저로 인해 여러분이 있고, 여러분으로 인해 제가 있는 겁니다. 저는 학생들을 가르치는 사람입니다. 학생들이 제 수업을 듣는데 제가 없으면 의미가 없겠죠. 이유 없이 몇 시간씩 빈 강의실에 앉아 있겠습니까? 반대로 학생들이 없으면 제가 없습니다. 아무도 없는데 제가 몇 시간씩 떠들어봐야 뭐하겠어요? 제가 떠드는 게 의미가 있는 건 학생들이 제 수업을 듣기 때문입니다. 반대로 학생들이 제 수업에 들어온 건 제가 떠들기 때문에 의미가 있는 거죠. 그렇게 저는 학생들과 기대고 있습니다. 서로가 서로에게 존재 의미와 가치를 부여하는 거죠. 마찬가지로 사람들은 서로 의존하고 서로 관계를 맺고 있습니다. 동양에서는 이런 관계를 강조합니다.

관계에 대한 이야기를 하면서 제가 항상 예로 드는 게 있습니다. 초등학교 학생에게 자기소개를 해보라고 하면 아마 이럴 겁니다. "안녕하세요. 저는 ○○ 초등학교 몇 학년 몇 반 ○○○입니다. 저희 아빠는 뭐하시고요, 엄마는 누구고요, 가족들은 이렇습니다. 친구들은 이렇습니다. 잘 부탁드립니다." 그러면 저는 학생에게 다시 요구할 겁니다. 주변을 건드리지 말고 자기 자신을 소개하라고요. 그런데 이렇게 말하면 아이는 자기를 설명했다고 하겠죠. 우리나라에서는 그렇습니다. 이게 나를 설명한 거라고 생각합니다. '나'를 설명하라고 하면 나는 어떤 사람인가가 아니라 주변의 사람들과 상황을 나열합니다. 그리고 나와의 관계를 훑은 다음 이런 관계 속의 '나'를 설명합니다. 서양에서는 자기소개를 해보라면 내 이름은 뭐고, 나는 뭘 좋아하고, 뭘 잘 먹고 이런 것들을 설명합니다. 서양은 개인주의적 성향이 강한 거죠. 그런데 동양은 공동체주의적 또

는 관계주의적 성향이 강합니다. 이 관계주의의 가장 대표적인 것이 '연기설'입니다. 불교에서는 세상의 모든 것이 연결되어 있다고 생각합니다. 나 홀로 존재하지 않는 거죠.

앞서 살핀 것처럼 연기설의 입장에서 보면 성묵이는 개입니다. 그렇다면 제가 지나가는 개를 발로 찬다는 건 곧 자신을 차는 것이 됩니다. 그러니까 세상의 모든 생명체를 나 자신처럼 소중히 여겨야 한다는 겁니다. 요즈음 서양에서는 이런 주장을 '생태학'이라는 이름으로 이야기합니다. 인간이 자연을 파괴하면 자연이 인간에게 영향을 주기 때문에 자연을 보호해야 한다고 합니다. 이것이 21세기 최고의 관점이라고 하죠. 동양에서는 이미 2500년 전에 나왔던 이야기입니다. 우리가 세상의 모든 존재와 관계를 맺고 있다는 것을 알아야 한다고 했죠. 그래서 불교가 다시 주목을 받고 있는 겁니다.

불교에서는 이런 논리를 이야기하면서 자비를 베풀라고 주장합니다. 그러기 위해 '방생放生'의 정신을 이야기합니다. 물고기를 풀어주는 것처럼요. 자비와 관련 있는 유명한 말이 '자타불이自他不二'입니다. 나와 남은 둘이 아니라는 사고방식이죠. 자비는 자타불이의 정신에 입각한 것입니다. 여기까지가 불교의 세계관입니다. '세상의 모든 것은 연관되어 있다.' 그리고 이것이 동양의 사유방식입니다. 서양의 실체론에서는 개별 실체를 강조하는데, 동양에서는 실체들 사이의 관계 속에서의 '나'를 강조합니다.

"苦集滅道"
고 집 멸 도

: 불교의 근본 원리.

불교의 두 번째 이론은 '사성제四聖諦'입니다. 석가모니가 깨달은 4가지 성스러운 진리입니다. 인생을 살면서 우리가 깨닫게 되는 4가지 진리이죠. 그래서 이것을 불교적 인생론이라고 평가합니다. 4가지는 진리는 '고집멸도苦集滅道'입니다. 고집 멸도의 요소로 우리의 인생이 굴러간다고 합니다. 고성제, 집성제, 멸성제, 도 성제라고 하는데, 각각의 뜻을 알아볼까요? 인생의 첫 번째 진리는 '고통'입니 다. 두 번째 진리는 '집착'입니다. 세 번째 진리는 '해탈'입니다. '멸'은 없애버리자 는 뜻이죠. 네 번째 진리 '도'는 길, 방법을 뜻합니다. 이 4가지 진리에도 불교에 서 말하는 인과관계가 들어 있습니다.

불교에서는 모든 것에 원인과 결과가 있듯이 우리의 인생에도 원인과 결과 가 있다고 생각합니다. 첫 번째, 우리의 인생은 너무 힘듭니다. 그 원인이 되는 것이 바로 집착입니다. 집착 때문에 인생이 고통스럽다는 겁니다. 즉 '집'이 원인이고, '고'가 결과입니다. '고집멸도'는 '고집'과 '멸도'로 나누어집니다. '고집'은 현실세계고, '멸도'는 앞으로 우리가 가야 할 이상세계입니다. 현실세계의 결과는 고통입니다. 그러면 어떻게 그 고통에서 벗어날 수 있을까요? 해탈하면 된다고 말합니다. 해탈이 좋은 건 알지만 어떻게 해야 될까요? "방법이 있지!" 하면서 '도'를 쓴 겁니다. 그러니까 이상세계의 결과는 '멸', 해탈입니다. 원인은 '도'인 거죠. 그런데 이렇게만 설명하면 잘 이해가 안 되죠? 자세하게 보도록 하겠습니다.

'고집멸도'는 이론에 따른 순서인데, 이것을 인생의 순서에 따라 쓰면 어떻게 될까요? 인생에서는 집착 때문에 고통스러운데, 도를 실천해서 멸의 세계로 가자고 합니다. 그래서 인생의 순서로 보면 '집고도멸'이 될 겁니다.

첫 번째 진리, 고통의 진리입니다. 불교에 '4고四苦'라는 용어가 있습니다. 인생은 4가지 고통으로 흘러간다는 것이죠. '생로병사生老病死', 즉 태어나서 늙고 병들고 죽는 모든 것이 다 고통입니다. 태어나서 죽을 때까지 고통스럽죠. 여러분 인생을 되짚어보세요. 행복하셨나요? 힘드셨나요? 행복한 기억이 많을까요, 힘든 기억이 많을까요? 저의 40년 인생을 되짚어보면 주로 힘들었고 몇 번 행복했던 것 같습니다. 그 몇 번의 행복함 때문에 사는 것 같은 느낌이 듭니다. 그 몇 번의 행복이 커서 고통스러워도 가는 거죠. 제 딸 때문에 짜증날 때가 많지만 그 아이가 한 번 크게 준 행복이 평소의 힘든 일을 상쇄시켜버립니다. 불교에서는 태어난 후 인생이 계속해서 점점 더 힘들어지다가 죽는다고 합니다. 이게 불교에서 말하는 인생이죠. 그러면 도대체 어떻게 해야 할까요?

석가모니가 분석한 고통의 원인은 바로 '집착'입니다. 석가모니의 말에 따르면 집착은 인생의 진리를 잘 알지도 못하면서 그저 욕심만 부리는 것이라고 합니다. 이게 문제라는 거예요. '무지無知'와 '탐욕貪慾'이 집착이라고 합니다. 석가모니는 '무지'를 다른 말로 '무명無明'이라고도 표현합니다. 밝지 못하다는 것, 즉 현명하지 못하다는 거죠.

이 집착을 석가모니는 '삼독三毒'이라고도 표현합니다. 세 가지 인생의 녹입니다. 이 독을 없애야 하는데 그게 쉽지가 않죠. 인생의 세 가지 독은 '탐貪', '진嗔', '치痴'입니다. '탐'은 탐욕입니다. '치'는 무지를 뜻하는 한자입니다. '백치미'할 때 '치' 자입니다. '진'은 화를 내는 것을 말합니다. '욱한다'는 표현과 비슷합니다. 사실 저의 최근 고민도 이겁니다. 화를 내는 것 같아요. 예전에는 식당에서 아주머니가 반찬 그릇을 던지듯 내려놓으면 '바쁘신가 보네' 했거든요. 그런데 요즘은 "뭐하시는 겁니까!" 하면서 욱하게 됩니다. 이게 고민이에요. 불교의 문장을 읽다 보면 이런 제 모습에 굉장히 뜨끔하게 됩니다. 화를 내는 것은 이루지 못한 욕망 때문이고 불안한 것은 이루지 못할 것 같은 욕망 때문이라고 합니다. 결국 욕망 때문에 화가 나고 욕망 때문에 불안한 거죠. 정말 맞는 말이죠? '졸업하고 남들이 다 알아주는 좋은 직장에 못 들어가면 어떡하지?' '좋은 집에 못 살면 어떡하지?' 이런 생각 때문에 불안한 겁니다.

그래서 불교에서는 욕심을 버리라고 합니다. 법정 스님의 『무소유』라는 책도 있죠. 인생의 세 가지 독 중에서 가장 큰 독이 '탐욕'입니다. 불교의 포인트는 욕심 버리기입니다. 이런 점에서 불교는 일종의 금욕주의라고 할 수도 있습니다.

욕심을 버리면 좋다는 것은 모두가 압니다. 그런데 어떻게 버려야 할까요? 불교에서는 해탈하면, 이런 욕심에서 벗어나면 '열반涅槃'의 세계에 이를 수 있다고 합니다. 천국에 간다는 말입니다. '열반'은 'Nirvana'를 한자로 쓴 것입니다(힌디어로는 '니르바나', 영어로는 '너바나'가 됩니다). 이 열반의 세계로 가자면서 방법을 알려줍니다. '팔정도八正道', 여덟 가지의 올바른 방법이 있다고 합니다. 기독교에는 '십계명', 불교에는 '팔정도'가 있습니다.

팔정도

팔정도는 불교 수행에서의 올바른 8가지 길을 의미한다. 불교의 인생론인 4성제 중 마지막인 도성제의 구체적 실천 방식이다. 세부적으로는 정견, 정사유, 정어, 정업, 정명, 정념, 정정진정정을 말한다. 불교를 믿는 사람은 무엇보다도 먼저 이 팔정도에 의하여 수행하고 생활하도록 되어 있다.

이 팔정도를 관통하는 기본적인 관점은 '중도中道'입니다. 중간쯤의 길을 말하죠. 그러면 삶의 중간 길은 뭘까요? 양극단을 피하는 자세를 이야기합니다. 석가모니는 쾌락과 고통의 중간쯤의 길, 상황에 따라 적절한 길이라고 말했습니다. 이런 중도의 자세를 가지고 팔정도를 실천해서 해탈하게 되면 열반할 수 있다는 것이 불교의 주장입니다.

"諸法無我"
제 법 무 아

: 변하지 않는 참다운 자아의 실체는
존재하지 않는다.

이제 불교의 진짜 진리가 남아 있습니다. 석가모니가 말하는 또 다른 의미의 진리, 바로 '삼법인설三法印說'입니다. 법과 같은, 절대적인 세 가지의 진리라는 뜻입니다. 가끔 불교TV에서 스님들이 설법하시는 걸 들어보면, 항상 주제는 '연기설' 또는 '삼법인설'입니다. 특히 '삼법인설'을 많이 이야기합니다. 스님들도 이게 불교의 핵심이라고 생각하는 것 같습니다. 그만큼 중요한 논리입니다. '삼법인설'의 첫 번째 진리는 '제행무상諸行無常'입니다. 두 번째 진리는 '제법무아諸法無我', 마지막은 '일체개고一切皆苦'입니다. 학파에 따라서는 '열반적정涅槃寂靜'을 포함하여 '사법인설'이라고 하기도 합니다.

먼저 '일체개고'와 '열반적정'을 살펴보겠습니다. '일체개고'는 모든 것은 고통이라는 뜻입니다. 앞서 살펴본 '고성제'와 똑같죠. 인생은 고통이라는 겁니다. '열반적정'은 고요하고 적막한 열반의 세계로 가자는 뜻입니다. 이건 '사성제'의

'멸성제'와 같습니다.

　그러면 나머지 두 가지를 보겠습니다. '제행무상'과 '제법무아'입니다. '제' 자와 '무' 자가 같은 위치에 자리해 있습니다. '제'는 '모두'를 뜻하는 한자입니다. '무'는 '없다'가 아니라 '아니다'입니다. 행은 '모든 현상'을 뜻하고, '상'은 '항상'이 라는 뜻입니다. 그러면 '제행무상'은 모든 현상은 항상 그런 것이 아니라는 뜻입 니다. 쉽게 풀면 모든 상황은 항상 변한다는 거죠. 세상은 절대로 머물러 있지 않고 항상 변합니다. 이게 첫 번째 절대적인 진리입니다.

　'제법무아'의 '법'은 진리, 존재라는 뜻 가운데 여기서는 '존재'라는 뜻으로 쓰였습니다. '아'는 본질, 참모습이라는 뜻입니다. 세상은 변합니다. 변화 속에 우리가 있습니다. 내일도 또 변할 겁니다. 이렇게 계속 변하는 상황 속에 우리 가 있습니다. 그러면 우리는 변할까요, 안 변할까요? 불교에서는 우리도 따라 변한다고 합니다. 우리는 원래 고유의 색이 없고 상황에 따라 끝없이 색이 변해 갑니다. 그러다가 죽습니다. 그래서 '원래 색이 없다'는 불교의 논리는 이렇습니 다. 세상이 변하는 상황에 있고 그 세상 안에 우리가 있습니다. 그러면 우리는 항상 그 상황에 맞게 적응하며 자꾸 변화합니다. 그러니까 원래 우리 고유의 색은 없는 겁니다. 그래서 '제법무아'는 실체, 그 사람의 본모습이란 없다는 겁 니다. 이게 불교의 큰 깨달음입니다.

　오래전 이동통신사 광고 속에서 김민희 씨가 차태현 씨에게 "사랑은 움직 이는 거야!"라고 말했습니다. 번호 이동하라는 거죠. 저는 이 광고를 보면서 카 피라이터가 분명히 불교 신자일 거라고 생각했습니다. 사랑도 현상이고 상황입니다. 그러니까 사랑이 움직인다는 건 '제행무상'이죠. 움직이는 사랑 속에 있던 차태현 씨와 김민희 씨도 변합니다. 상황이 변하니까 그 안의 사람도 변하는 겁니다. 세상에 영원한 것, 변하지 않는 것은 없습니다. 차태현, 김민희 씨의 원래 모습이라는 건 없습니다. 차태현 씨가 집에 가서 울면서 욕하겠죠. 그리고 상사병으로 힘들어할 겁니다. 그런데 그건 김민희 씨를 욕할 일이 아닙니다. 차태현 씨가 잘 모르는 거죠. 원래 세상은 변하고 그 상황에 있는 사람도 변하는 법이니까요. "넌 거짓말쟁이야. 영원히 날 사랑한다고 했잖아"라고 외칠 수도 있을 텐데, 이것도 거짓말은 아닙니다. 그때 그 상황에서는 그 말이 진심이었을 테니까요. 그런데 상황이 변해서 사람의 마음도 변한 겁니다. 이건 그 사람의 죄가 아니라 상황이 변하면 당연히 사람의 마음도 변한다고 생각하는 것이 바로 불교의 논리입니다.

세상은 변하고 나란 없다는 이 '무상'과 '무아'에 대해서 석가모니가 한마디 덧붙입니다. '공空하다'고 합니다. 이건 있다는 걸까요, 없다는 걸까요? 있는 것도 아니고 없는 것도 아닙니다. 반대로 있을 수도 있고, 없을 수도 있는 것이 '공하다'는 말입니다. 존재는 있지만, 본질은 없다는 말입니다. 즉 나라는 존재, 실체는 있지만, 상황에 따라 변하기 때문에 본질은 없다는 말입니다. 있을 수도 있고 없을 수도 있는 이 애매한 상황을 석가모니는 공, '비었다'고 이야기합니다. 비었다는 것이 없음을 뜻하는 건 절대 아닙니다.

그러면 어떻게 살라는 겁니까? 석가모니는 있을 수도 있고 없을 수도 있다는 걸 이해했다면, 양극단의 어느 하나에 꽂히지 말라고 이야기합니다. 그래서 중간의 길, '중도'를 가라는 것이 석가모니의 사고방식, 불교의 사고입니다.

11 성리학 vs. 양명학

대학수학능력시험의 사회과학탐구 과목 중에 '윤리와 사상'이라는 과목이 있습니다. 제가 가르치는 과목이죠. 이 과목에서 학생들이 가장 많이 틀리고 어려워하는 부분이 바로 이 성리학과 양명학입니다. 이번 장에서는 성리학과 양명학에 대해서 알아볼 텐데요, 이 시대에 다시 보아도 정말 최고의 논쟁이며 주장이라고 할 수 있습니다.

"벽파 대 수파"

성리학과 양명학은 유학에 뿌리를 두고 나온 학문들입니다. 그래서 먼저 유학의 전개 과정을 다시 살펴봐야 합니다. 춘추전국시대에 유학과 관련된 인물은 공자, 맹자, 순자가 있었습니다. 그래서 이 시대의 유학을 '공맹순 유학'이라고 부릅니다. 그러다가 진나라가 전국을 통일했습니다. 황제의 자리에 오른 진시황은 법가를 통치이념으로 수용하면서 유학을 탄압합니다. '분서갱유'라는 대표적인 사건이 있었습니다.

그러다가 진이 망하고 한나라가 들어섭니다. 이때 다시 유학의 중흥이 이루어집니다. 그런데 문제는 유학과 관련된 책이 없다는 겁니다. 분서갱유 때 대부분 소실된 거죠. 그래서 유학자들이 어떻게든 유학과 관련된 책을 만들어보려고 노력합니다. 유학을 다룬 책을 '경서'라고 하는데, 먼저 이 경서를 복원하기 위한 노력을 기울입니다. 그러면서 학파들끼리 싸우기 시작합니다. 서로 이게 맞다, 저게 맞다 하면서 싸우는 거죠. 그러던 중 그 시절에 책을 숨겼던 사람들이 하나둘 책을 갖고 나오기 시작합니다. 진나라 때 유학책을 내놓으라고 하자 벽 안에 숨겨뒀던 책들을 다시 꺼낸 겁니다. 그래서 이 사람들을 '벽파辟派'라고 합니다. 또 어떤 사람들은 숨겨둔 책을 꺼내보라고 했더니 종이와 붓을 꺼냅니다. 이유를 물으니 머릿속에 들어 있다는 겁니다. 모두 외워버린 거죠. 이렇게 외우고 있다가 한나라가 들어서고 다시 유학이 득세를 하게 되니 외워놓은 걸 다시 쓰는 겁니다. 이 사람들을 '수파首派'라고 합니다. 이렇듯 두 학파의 싸움을 '경학 논쟁'이라고 합니다.

어쨌든 이렇게 해서 책이 다시 만들어졌는데, 이번엔 그 뜻을 가지고 또 싸웁니다. 경서에 대한 주석 달기로 싸우는 거죠. 이렇게 경서를 해석하는 학문을 '훈고학'이라고 부르고, 이 '훈고학'이 제2대 유학이 됩니다. 1대 유학은 '공맹순 유학'이고, 처음에 시작된 유학이라고 해서 '원시유학'이라고 합니다. 또한 다른 모든 유학이 진나라 이후에 나왔는데, 이것만 진나라 이전에 나왔다 해서 '선진 유학'이라고도 합니다.

이렇게 2대 유학인 훈고학이 한나라 때 시작하고, 동중서와 같은 유명한 학자도 나오게 됩니다. 그러다가 다시 중국이 혼란에 빠집니다. 후한이 망하고 위, 촉, 오, 세 나라로 갈라졌다가 다시 진晉이 통일했는데, 또다시 5호 16국과 송, 제, 양, 진으로 나뉘어 남북조 시대에 들어섰습니다. 이 남북조 시대를 정리한 게 수나라입니다. 수는 200년 정도 잘 유지되었는데, 고구려를 침략했다가 제대로 당한 후 당나라로 바뀝니다.

이때 유학은 어떻게 됐을까요? 우리나라는 고구려, 신라, 백제의 삼국 체제로 계속 가던 시기에 중국은 나라가 많이 바뀝니다. 제2의 춘추전국시대가 온 거죠. 이때 유학은 변방 학문이 됩니다. 앞서 살펴본 사상들을 한마디로 하면 불교는 '공'이고 도가는 '자연'입니다. 유학은 '예'입니다. 그런데 이 예를 따지는 것이 전쟁 시에 먹힐까요? 안 먹히죠. 어제는 부모가 죽고 오늘은 형제가 죽는 상황에서 예를 찾자는 말이 먹힐 수가 없습니다. 오히려 이 시대에는 사람들이 신기한 것을 찾거나 고통스러운 현실에서 벗어나고자 하는 욕구가 강해집니다. 그래서 도교와 불교가 굉장히 유행했고, 이때 도교의 청담사상, 불교의 선종과 같은 사상들이 등장해 이름을 날립니다. 이런 어지러운 시대를 지나 중국이 새로운 왕조로 넘어가니, 그것이 바로 송나라입니다.

송나라로 오면서 드디어 성리학이 등장합니다. 성리학을 본격적으로 시작하기 전에 중국의 왕조를 잠시 살펴봅시다. 송나라 다음에 원나라, 명나라, 청나라로 이어집니다. 송나라, 원나라 때 우리나라는 고려 시대입니다. 원나라에 한번 제대로 당했다가 명이 들어설 때쯤 고려가 망하고, 이후에 조선으로 계속 유지됩니다. 그러니까 우리나라에서 두 왕조가 나올 때, 중국은 왕조가 4번 바뀌는 거죠. 그나마도 중간에 5대10국과 같은 혼란기는 뺀 겁니다.

이 시대에 유행하던 학문들도 살펴보겠습니다. 성리학은 어느 시대에 나왔을까요? 송나라 말기쯤 나와서 명나라 전기까지 이어졌습니다. 성리학을 '송학宋學'이라고도 하는데, 송나라 때 나왔다는 뜻입니다. 그런데 실제로 어느 시대에 성리학이 국가가 인정하는 대표 학문이 되었을까요? 바로 원나라 때입니다. 성리학 다음의 유학이 양명학입니다. 양명학의 시작을 송나라 말기의 학자였던 육상산이라는 사람부터라고 하는데, 명나라 초기부터 청나라 초기까지가 양명학의 시대입니다. 그러니까 양명학은 명나라의 학문이라고 할 수 있습니다. 그리고 청나라 초기에 등장해 말기까지 이어진 학문을 '고증학'이라고 합니다. 사실 정확하게는 '실학'이고, 실학의 첫 번째 학문이 '고증학'입니다.

이것이 유학의 큰 흐름입니다. 이름을 붙여보면 '성리학'은 제3대 유학이고, '양명학'은 제4대 유학, '고증학'은 제5대 유학이 됩니다. 그래서 유학은 크게 5대 유학까지 있습니다. 즉 공자부터 청나라 고증학까지를 통틀어서 '유학'이라고 하는데, 다만 시대에 따라 선진유학, 훈고학, 성리학, 양명학, 고증학이라는 서로 다른 이름과 특징을 갖는 겁니다. 유학은 성리학을 포함하는 큰 개념이고, 성리학은 송나라 때 등장한 유학의 한 부분입니다.

"存天理 去人欲"
존 천 리   거 인 욕

: 천리를 보존하고 인욕을 제거함.

본격적으로 성리학에 대해 알아보겠습니다. 성리학은 '주자朱子'라는 사람이 집대성했다고 해서 '주자학'이라고도 하고, 송나라 때 나왔다고 해서 '송학'이라고도 합니다. 그런데 주자라는 사람이 이 학문을 혼자 했다고 볼 수는 없습니다. 대학에서는 '정주학'이라는 말을 더 많이 씁니다. 성리학은 주자 혼자 한 게 아니라 주자가 종합하여 정리한 것입니다. 우리나라 실학의 대표적인 학자가 정약용입니다. 그런데 정약용은 실학의 막내입니다. 그 앞에 많은 학자들이 있었습니다. 성호 이익, 연암 박지원도 있었고, 더 위로 가면 『지봉유설』을 쓴 이수광도 있습니다. 그러다가 정약용이 실학을 집대성하면서 실학의 대표가 된 겁니다. 마찬가지로 주자도 성리학을 종합 정리한 사람입니다. 주자에 앞서 정이천, 정희, 정호와 같은 학자들이 있었습니다. 정희와 정호는 형제인데, 그래서 정씨 형제들과 주자가 만든 학문이라는 뜻에서 '정주학'이 더 맞는 말이라고 판단하는 겁니다.

그러면 성리학이라는 이름에 대해서 먼저 알아보겠습니다. '성性'과 '리理'가 같다는 것이 성리학입니다. 즉 성리학은 '성이란 리다'라는 의미의 학문입니다. 유학의 기본을 다시 살펴봅시다. '하늘天'이 있습니다. 인격적이고 도덕적인 하늘이었습니다. 도덕적인 하늘이 명령을 했습니다. '천명'이라고 하죠. 인간에게 '성'을 갖고 있으라고 명령을 내렸습니다. 그래서 인간의 '성'은 하늘로부터 왔다는 게 유학의 기본 사고방식입니다. 이걸 성리학에서는 조금 다른 말로 씁니다. 하늘에 이치가 있었다고 해서 '천리天理'라고 이야기합니다. '천리'가 우리 마음 안에 들어왔습니다. 이걸 '성'이라고 합니다. 그러니까 '성'의 본질은 하늘의 이치인 겁니다. 옛날에는 '천'만 강조했는데, 성리학은 오히려 '천'을 생략하고 '리'를 강조하는 겁니다. '리'가 들어오면 '성'이라고 부르는 겁니다. 그러니까 '성'은 원래 '리'였던 거죠. 이게 바로 성리학의 이름이 갖는 뜻입니다.

　　성리학을 이론적으로 정리를 해보면, '리'를 '리일분수설理一分殊說'이라는 이름으로 설명하고 있습니다. 천리 하나가 나누어 구분되어 있다, 주어져 있다는 뜻입니다. 우주에 천리라는 것이 있었습니다. 천리가 인간에게 들어왔다는 이야기를 성리학에서는 더 자세하게 설명합니다. 이 천리가 인간에게만 있지 않고 개개의 사물에 다 있다는 겁니다. 나무가 있고 사슴이 있으면 천리가 이들에게 자기의 특징을 던지는 겁니다. '리'를 던진 거죠. 그러면 이 '리'가 나무에도 있고 사슴에도 들어와 있을 겁니다. 그러면 이걸 나무의 리라고 하고, 사슴의 리라고 합니다. 부분적인 '리'가 된 거죠. 그러니까 만물의 이치가 개개의 사물에 나뉘어 들어가고, 들어가고 나면 그 사물의 이치가 되어 있는 거죠. 부분적인 이치가 되는 겁니다.

그러면 인간에게 들어 온 '리'도 있겠죠? 그런데 이것만은 '리'라고 부르지 않고 '성'이라고 부릅니다. 그러니까 '성'은 곧 '리'인 겁니다. 이게 바로 '리일분수설'입니다. 그리고 여기에서 나온 이론이 '성즉리설性卽理說'입니다. 이런 논리를 알고 있다면 성리학이 조금은 쉬워질 수 있습니다.

성리학의 특징과 관련해서 첫 번째 밀씀드릴 것은 성리학은 맹자의 성선설과 도학자의 성즉리설이 만나서 이루어졌다는 겁니다. 맹자의 성선설에는 '4단'과 '4덕'이 있죠. 성리학에서는 이 개념을 가지고 와서 설명을 합니다. 맹자의 성선설을 계승한 겁니다. 그리고 '성즉리설', 성이란 곧 리라는 것을 가져오는데, 이 '성즉리설'은 도학자들이 먼저 이야기했습니다. 도학자는 주자의 선배들을 일컫습니다. 정씨 형제들이 유학의 도가 진정한 도라면서 진정한 도를 논의하는 사람들이라는 의미로 스스로 도학자라고 지칭한 겁니다. 말은 도학자지만 사실은 유학자죠. 어쨌든 이때 이미 '성즉리설'이라는 이론이 있었으니 이건 주자가 한 건 아닙니다. 선배들의 것을 주자가 종합한 겁니다.

두 번째, 송나라 말기까지 불교와 도교가 유행하고 있었습니다. 그래서 성리학은 불교와 도교의 영향을 많이 받습니다. 불교는 '연기설'을 말하면서 우주를 이야기합니다. 도교도 도를 '우주 자연 만물의 근본 원리'라고 하면서 우주를 이야기합니다. 그러니까 불교와 도교의 공통점은 우주입니다. 그런데 유학에 우주가 있던가요? 유학은 현실 사회에서 우리가 지켜야 할 예의, 착한 세상 등의 이야기를 합니다. 그런데 당시에는 우주 이론이 성행해서 사람들이 전부 우주에 꽂혀 있습니다. 현실이 정신없고 복잡하니까 우주 이야기를 좋아했던 거죠. 그래서 유학에서도 우주 이론을 만들었습니다. "우리가 진정한 우주를 말할게. 우리 스타일로 우주를 이야기할게"라는 거죠. 그러면서 우주 만물의 이치라는 뜻으로 '천리'라는 말을 쓰는 겁니다. 그래서 성리학은 불교와 도교를 미워하며 재등장한 유학이지만, 우주에 대한 이야기를 받아들여 두 사상의 영향을 받았다고 할 수 있습니다.

세 번째로 성리학은 유학의 철학적 체계화를 이루었다고 평가할 수 있습니다. 그동안의 유학은 사실 윤리학의 느낌을 갖고 있었습니다. 그런데 성리학에 와서 굉장히 체계적으로 설명되고 있음을 알 수 있습니다. 그전에 없었던 우주 이야기가 들어가면서 완벽해진 것 같다고 해서 철학적 체계화를 이루었다고 평가받습니다. 유학을 진정 세련되게 했다는 의미에서 성리학을 '신유학'이라고 부르기도 합니다. 그런데 뒤에 나올 양명학이 성리학에 시비를 겁니다. 형식은 멋있는데 내용이 틀렸다고 지적하며 진정한 내용의 완성을 위해 노력합니다. 그런데 지금 와서 보니까 결국 성리학과 양명학이 싸우면서 유학이 완성된 겁니다. 그러다 보니 양명학도 넓게 신유학으로 봐야겠다고 해서 성리학과 양명학을 모두 '신유학'에 포함시킵니다.

그렇다면 성리학은 무엇을 추구하는 학문일까요? 성리학의 주제는 '존천리 거인욕^{存天理 去人欲}'입니다. 천리를 잘 보존하고 사람의 욕심은 제거하자는 말입니다. 나중에 양명학이 나오면서 진짜 존천리 거인욕이 무엇인지 설명해준다고 하죠. 결국 양명학의 주제도 '존천리 거인욕'인 겁니다. 즉 유학의 철학적 체계화와 '존천리 거인욕'이 성리학과 양명학의 공통점이 됩니다.

그러면 '존천리 거인욕'을 더 자세히 알아야 할 필요가 있습니다. 천리를 보존하자고 합니다. 천리는 '성'입니다. 인간의 마음에 들어온 '천리'가 '성'이죠. 그러니까 결국 천리를 보존하자는 말은 인간의 착한 본성을 보존하자는 것입니다. 그런데 이 착한 본성이 우리를 둘러싼 육체적 욕망들 때문에 가려져서 못 나오고 있는 겁니다. 그러니까 빨리 욕망을 제거해야죠. 그래야 착한 본성이 나오게 되는 겁니다. 결국 성리학에서는 착한 본성을 잘 가꾸고 인간의 욕망은 빨리 없애버리자고 주장하는 겁니다.

이제 성리학의 구체적 이론에 대해서 살펴보겠습니다. 성리학의 이론은 굉장히 체계적입니다. 성리학의 첫 번째 이론은 '우주론'입니다. 두 번째는 그 논리를 계승해서 인간의 본성을 설명하는 '인성론'입니다. 세 번째는 그 논리를 가지고 어떻게 수양해야 할까를 설명하는 '수양론'입니다. 마지막으로 한 인간만 수양한다고 변하지 않겠죠. 우리 사회는 어떻게 해야 할까를 고민한 이론이 '경세론'입니다.

그런데 이건 일반적인 이름이고, 성리학에서 쓰는 용어를 살펴봅시다. '우주론'의 이름은 '리기론'입니다. 인간 본성에 대한 이론은 '성즉리설'입니다. '수양론'은 '거경궁리론'이라고 합니다. '경세론'에서는 덕치에 입각한 왕도 정치를 주장합니다. 공자와 맹자의 논리와 똑같습니다. 이건 양명학도 마찬가지입니다. 그러니까 유학의 정치 사상은 이미 공자, 맹자에서 끝난 것이죠.

첫 번째 '리기론'을 보겠습니다. '리'와 '기'는 우주를 구성하는 두 가지 요소를 말하는 겁니다. 우주는 '리理'의 세계와 '기氣'의 세계로 이루어져 있다고 합니다. 이분법적 세계관이라고 할 수 있습니다. '리'는 원리, 법칙이라는 뜻입니다.

그러니까 '천리'는 하늘의 원리, 하늘의 법칙이 됩니다. 넓게 말하면 우주 자연의 법칙입니다. '기'는 원리에 의해 현실에서 발생하는 현상 또는 그렇게 해서 만들어진 물질적인 것들입니다. 예를 들어 컵은 나름의 '원리'에 의해서 만들어졌는데 컵은 물질이니까 '기'가 되는 겁니다. 또 이런 말도 많이 하죠. "왜 이렇게 기가 빠졌어, 기운 좀 차려." 이때의 '기'는 에너지를 의미하기도 합니다. '리기론'은 '원리 대 현상'이라고 간단하게 생각하시면 됩니다. 세상은 원리와 현상 두 가지에 의해서 작용하고 이루어진다는 겁니다. 쓰나미가 오고 있습니다. 쓰나미는 '기'죠. 그리고 쓰나미의 원인이 되는 원리는 '리'입니다.

이 이분법적 원리를 그대로 적용하여 성리학의 인성론이 나옵니다. 세상을 두 개의 요소로 보듯이 인간의 본성도 두 개로 나눌 수 있다는 겁니다. 인간의 본성을 '성性'이라고 하는데, 이걸 '본성'이라고 할 수도 있고 더 정확한 말로는 '본연지성'이라고 합니다. 그리고 이 안에 들어 있는 내용은 '4덕', 인의예지입니다. 그런데 이 '4덕'의 성격을 보니 순선무악純善無惡하다는 겁니다. 온전히 착하고 악이라고는 없습니다. 인간의 '성'은 온전히 착하다고 합니다. 맹자의 '성선설'이 '4덕'까지 포함해서 그대로 계승되고 있는 거죠.

그런데 '본연지성'에 붙은 이름이 또 하나 있습니다. '기질지성'이라고 합니다. 그런데 '성'이 두 개가 있는 건 아닙니다. '성'은 '본연지성' 하나뿐입니다. 그런데 본성은 밖으로 꺼내서 볼 수가 없죠? 주머니에서 동전 꺼내듯이 보여줄 수가 없습니다. 본성은 몸 안에 있고, 그걸 육체가 둘러싸고 있는 거죠. 그 상태로 밖에 존재할 수가 없습니다. 그래서 육체에 둘러싸인 본성을 '기질지성'이라고 합니다. 본질은 '본연지성' 하나이고, 그걸 둘러싼 육체적 기질을 포함한 것이 '기질지성'이니 인간의 성은 하나인 거죠. 눈으로 볼 수 없는 상상의 본성이 '본연지성'이고, 실질적으로 보이는 것이 '기질지성'입니다. 그러니까 '기질지성'은 기질에 둘러싸인 본연지성이라고 생각하면 됩니다.

그렇다면 기질을 알아야겠죠. 기질은 쉽게 말하면 육체적 성질입니다. 육체적 성질에 둘러싸인 본연지성이 '기질시성'인데, 이 '기질지성'은 선할까요, 악할까요? 원래의 성격은 착하지만 육체에 가려져 있습니다. 그런데 육체는 못됐을 가능성이 큽니다. 만약 육체가 정말 착한 사람이 있다면 그 착한 마음이 그대로 보이겠죠. 그런데 대부분 사람들의 육체는 못됐습니다. 욕망과 본능에만 사로잡혀 있습니다. 그래서 악하게 나오는 경우가 많다는 겁니다. 욕망과 본능을 잘 억눌렀으면 착할 것이고, 그렇지 못하면 악할 것입니다. 결국 '기질지성'은 온전히 착하지만은 않기 때문에 '가선가악可善可惡'이라고 합니다. 선할 때도 있고 악할 때도 있다는 겁니다.

본성은 순선무악, 온전히 착합니다. 그런데 실제로 보이는 우리의 본성은 착할 때도 있고 악할 때도 있습니다. 그럼 어떤 경우가 문제가 될까요? 본성은 착한데 악하게 나오는 경우가 문제가 되겠죠. 아침에 학교에 가거나 회사에 가느라 바쁜데 어머니가 밥 조금 더 먹고 가라고 하시면 "늦었어!" 하고 쏘아붙이고 나오신 적 있으시죠? 문을 쾅 닫고 나오면서 '이게 아닌데……' 하고 후회한 적 있을 겁니다. 그러니까 현실적으로 보면 사람은 본마음과 달리 못될 때가 있습니다. 착한 마음과 달리 나쁘게 행동할 때가 있죠. 성리학에서는 이 부분을 고민한 겁니다. 성리학에서는 이런 일이 나타나는 이유가 수양이 덜 되었기 때문이라고 설명합니다. 못된 말과 행동을 누르고 착한 마음이 드러나게 해야 하는데, 자기도 모르게 못된 말이나 행동으로 투영되어서 나오는 거죠. 이게 잘못된 겁니다. 그러니 이런 못된 말과 행동들을 없애고 몸도 착해지도록 해야 합니다. 그래서 욕망을 잘 누르고 천리를 드러내자고 이야기하는 것이 '거경궁리론'입니다.

"格物致知"
격 물 치 지

: 주자 대 왕양명의 논쟁.

'거경궁리론'은 순서가 중요합니다. 먼저 '격물치지格物致知'하고 두 번째로 '존양성찰存養省察'하자고 이야기합니다. '격물치지'는 사물을 연구해서 지식을 완성하자는 뜻입니다. 사물들을 왜 연구할까요? 왜 사물을 연구하면 지식을 완성할 수 있을까요? 성리학의 처음으로 가보죠. 개개의 사물에는 사물의 이치가 있습니다. 그래서 이걸 연구해서 우주의 이치가 무엇인지를 먼저 알자는 겁니다. 성리학은 쉽게 말하면 '우주 만물의 이치를 공부하자'입니다. 이렇게 공부해서 이치를 알았으면 그걸 통해서 내 마음의 이치를 알아볼 수도 있겠죠. 자기 마음을 아는 건 어렵기 때문에 주변 만물의 이치를 공부하는 겁니다. 그걸 통해서 내 마음도 어림짐작할 수 있을 테니까요. 우주 만물의 이치와 내 마음을 깨달은 후에 자기의 착한 마음을 잘 보존하고 더 키우고, 혹시 잘못됐으면 반성하자는 게 '존양성찰'입니다. 공부를 먼저하고 그다음 실천하자는 '선지후행'을 주장합니다. 그러면서 정치는 '덕치'를 하자고 합니다. 덕치는 공자에서 공부했으니 생략

하겠습니다.

이제 '양명학'이 나옵니다. 양명은 사람 이름입니다. '왕수인'이라는 인물은 중국 명나라의 정치인이자 교육가, 사상가로, 그의 호가 양명입니다. 주자학과 마찬가지로 양명이라는 사람이 했던 학문이라는 뜻에서 '양명학'이라고 이름 붙입니다. 그런데 주자학은 곧 성리학이라고 하잖아요. '성즉리설'을 줄여서 성리학이라고 합니다. 양명은 '성즉리설'에 대항해서 '심즉리설'을 주장합니다. 그래서 양명학을 '심학'이라고 부르기도 합니다. 대학교에서는 심학이라는 말을 더 많이 씁니다. 또 양명학에는 왕수인 이전에 육상산이라는 학자도 있었는데, 그래서 육상산과 왕수인에 의해서 완성되었다는 의미로 '육왕학'이라고도 부릅니다.

왕수인은 명나라 때 장수였습니다. 집안이 대대로 장군 가문이어서 할 수 없이 무과시험을 봤는데 합격해서 왕의 호위장군이 됩니다. 무인으로서의 능력도 뛰어난 사람이었죠. 그런데 이 왕수인은 공부가 하고 싶었습니다. 어쩔 수 없이 육군사관학교를 갔지만 마음으로는 철학을 공부하고 싶은 거죠. 그러던 중 환관들이 왕을 혼란스럽게 하고 조정을 쥐고 흔드는 것을 보고 왕에게 조언을 하다가 쫓겨납니다. 왕궁에 있던 사람이 변방의 장수로 가게 되었는데 왕수인에게는 오히려 잘된 일이었습니다. 이 기회에 공부를 해보자고 마음먹은 거죠.

왕수인은 원래 성리학을 공부했습니다. 성리학에서 말하는 '격물치지', '존양성찰'을 충실히 실천합니다. 사물의 이치를 공부하는 거죠. 관사 마당에 대나무가 몇 그루 있었는데 대나무도 사물이니 대나무의 이치를 연구했습니다. 그런데 얼마 안 가 포기하고 맙니다. 일주일 동안 잠도 안 자고 밥도 거르고 연구했는데, 깨달은 건 대나무에는 이치가 없다는 겁니다. '내가 깨달은 건 졸리고 배고프다는 것이다. 대나무에 무슨 이치가 있나?'라고 생각하면서 속상해합니다. 성리학이 맞는다고 생각하며 살았는데 아무리 해도 '격물'이 안 되는 거죠. 그래서 부하들에게 관을 짜오라고 명령을 내렸고, 부하들이 돌관을 만들어왔습니다. 그러자 왕수인이 "나는 여기서 굶어 죽을 거다"라고 하며 관 안에 누웠습니다. 자신의 학문적 이상이 완전히 무너져버렸으니 살고 싶은 욕구도 사라진 겁니다. '격물치지'가 맞는 줄 알고 살았는데 그게 되지 않고, 그렇다면 자기가 틀리거나 학문이 틀린 건데 학문이 틀렸다고 생각하기는 싫었던 겁니다. 그래서 차라리 죽는 게 낫다고 생각하며 며칠을 관 속에 있습니다. 그런데 왕수인이 며칠 뒤에 관에서 뛰쳐나옵니다. 무언가를 깨닫고 관을 박차고 나온 겁니다. 그렇게 해서 주장하는 것이 양명학입니다. 저는 그 관을 찾아야 한다고 봅니다. 학문의 상징, 신념의 상징을 보여주는 관이거든요.

양명학은 쉽게 말하면 '반성리학'을 주장하는 학문입니다. 성리학을 해보니 틀렸다는 거죠. 그러면서 하나하나 비판을 시작합니다. 우주론에 대해서는 기본 원리를 인정합니다. 경세론도 똑같습니다. 인성론과 수양론이 다릅니다. 양명학에서의 인성론은 '심즉리설心卽理說'이 되고 수양론은 '치양지설致良知說'이 됩니다.

'심즉리설'은 간단히 말해 '성' 대신 '심'이라는 말을 쓰자는 겁니다. 성리학에도 '심'이라는 말이 있지만 잘 안 씁니다. '성'에 빠져 있는 거죠. 그런데 성리학의 '성'은 이름만 두 개일지라도 어쨌든 본연의 성과 기질적인 성, 두 가지로 나뉩니다. 그걸 양명학에서는 '심'이라는 한마디로 끝내는 겁니다. 양명학도 우주론은 인정하기에 '리'를 인정합니다. 이치는 마음에 있다는 겁니다. 그런데 특이한 것은 마음 안에만 이치가 있다고 생각하는 겁니다. 성리학에서 이치는 개개 사물마다 있다고 하는데 양명학에서는 모든 이치가 마음 안에 있다고 합니다. 대나무를 연구해봤는데 아무리 봐도 이치가 없습니다. 이치가 없을 리가 없다고 관 속에서 고민해보니 '이치라는 건 내 마음 안에 있는 거구나' 하고 생각하게 된 겁니다. 더 중요한 건 내 마음 안에만 있다고 생각하는 겁니다. 그래서 왕수인은 '심내리 심외무리心內理 心外無理'를 주장합니다. 마음 안에 이치가 있고 마음 밖에는 이치가 없다는 겁니다. 마음 밖에 이치가 없으니 마음에 있는 이치만 알면 되겠죠.

그런데 마음 안에 이치가 있다는 건 무슨 말일까요? 왕수인은 이렇게 설명합니다. '심내사 심외무사心內事 心外無事', 마음 안에 현상이 있고 마음 밖에는 현상이 없다고 이야기합니다. 이치뿐만이 아니라 모든 현상이나 사건도 마음 안에 있다는 겁니다. 지금 밖에 폭설이 내리고 있다고 가정해보겠습니다. 20센티미터가 넘게 내리고 있습니다. 아무 데도 못 가요. 그런데 지금 여러분은 성리학, 양명학에 완전히 빠져들었습니다. 그러면 여러분에게 밖에 내리는 눈은 존재하지 않습니다. 우리가 밖에 나가서 보는 순간 눈을 인식하겠죠. 그 순간 세상에 눈은 존재하는 겁니다. 그러면 눈은 거리에 있는 건가요, 우리 마음 안에 있는 건가요? 양명학에서는 눈이 우리 마음 안에 있다고 이야기합니다. 물론 눈은 거리에 있죠. 그렇지만 그렇게 말하자는 거예요. 우리가 거리의 눈을 마음으로 알았을 때 그제야 눈이 존재한다는 겁니다. 그러니 결국 눈은 마음 안에 있는 거죠.

저는 이걸 공부하는 순간 김춘수 시인이 떠올랐습니다. 〈꽃〉이라는 시가 있죠. 저는 김춘수 시인이 시도 잘 쓰시지만 양명학의 대가가 아닌가 하는 생각이 들었습니다. 분명히 양명학을 공부했을 것 같습니다. '내가 너를 꽃이라고 불렀을 때, 꽃이라고 인식되었을 때 그는 나에게로 와서 꽃이 되었다'는 논리가 양명학의 논리와 똑같잖습니까. 왕수인이 제자들과 소풍을 갔는데, 제자들이 스승의 말씀을 잘 못 알아듣고 질문을 하자 왕수인이 이렇게 예를 들어 설명했다고 합니다.

"저기를 봐. 산에 꽃이 흐드러지게 피었네."
"네, 그러네요."

"너희는 알고 있었니?"

"아니요."

"언제 알았니?"

"보니까 꽃이 있네요. 보니까 알았죠."

"그거야! 마음 안에 꽃이 핀 거라고."

똑같죠? 전 그래서 김춘수 시인이 양명학을 공부했다고 봅니다. 어쨌든 모든 건 마음 안에 있는 것입니다.

그럼 양명학의 수양론인 '치양지설'은 무슨 말일까요? 성리학에서 이야기하는 '격물치지'는 사실 『대학』에 나온 말입니다. 『대학』에 '격물치지 성의정신, 수신제가 치국평천하'라는 문장이 있는데, 여기서 주자가 따와서 해석한 겁니다. 그런데 양명학에서는 성리학의 해석이 틀렸다고 지적합니다. 성리학과 양명학이 '격물치지'의 해석을 놓고 싸우는 겁니다. 성리학은 사물을 연구해서 지식을 쌓자고 이야기합니다. 양명학에서 '지'는 '양지'라고 하는데 우리 마음에 있는 이치가 '양지'입니다. 그리고 이 '양지'가 바로 '4덕'이라고 합니다. 그러니까 '4덕'이라는 개념을 왕수인도 씁니다. '양지'는 원래 맹자가 주장했던 것이죠. '양지양능설', 기억납니까? 그런데 이 '양지'도 매우 착하대요. 그럼 왕수인은 맹자의 '성선설'을 계승했다고 볼 수 있습니다. 다만 성리학은 4단과 4덕으로, 양명학은 양지로 설명하는 겁니다.

왕수인은 '양지'를 우리가 원래 가지고 있는 '선천적인 참된 앎'이라고 설명합니다. 선천적으로 이미 알고 있으니 공부할 필요가 없습니다. 그래서 양명학에서의 '격물치지'는 먼저 선천적인 참된 앎을 잘 살피는 겁니다. 그러면 이 선천적인 앎이 팡팡 터져나간대요. 그러니까 여러분에게도 이미 양지가 있습니다. 그런데 세상의 이치를 모르는 것 같죠? 그게 아니라 모른다고 생각하는 것뿐이라는 겁니다. 내가 친구를 한 대 때립니다. 그러면 '어, 내가 왜 이러지? 친구를 때리면 안 되는데. 그런데 내가 이런 걸 어떻게 알지? 아, 친구를 때리면 안 된다는 걸 내가 이미 알고 있구나.' 이렇게 생각한다는 거죠. 그러니까 우리가 알고 있다는 걸 깨닫지 못하고 있을 뿐인 겁니다. 하지만 상황이 벌어지면 바로 마음이 튀어나오면서 이 상황과 관련된 지식을 갖고 나가는 겁니다. 그러니까 이미 알고 있는 양지를 잘 적용시켜서 사물마다 똑바로 되게 하자는 겁니다. 양명학에서 '격'은 '바르게 하다'의 의미입니다. '물'은 어떤 행위나 상황을 모두 포함합니다. 양명학의 '격물치지'는 양지를 잘 실현해서 상황마다, 사건마다 똑바로 잘 안 되어 있다면 바르게 하라는 뜻입니다.

성리학과 양명학은 모두 유학의 범주에 있습니다. 그래서 두 학문 사이에는 공통점과 차이점이 존재합니다. 성리학과 양명학은 모두 맹자의 성선설을 계승하고 있습니다. 다만 조금 더 깊이 들어가면 계승의 내용이 조금 다르다는 것을 알 수 있습니다.

불교의 전개

12

인도 불교-소승불교 vs. 대승불교

석가모니가 입멸하고 나서 불교는 어떻게 흘러갔을까요? 석가모니는 자신을 위해 무엇도 만들지 말라는 유언을 남겼습니다. 그런데 사람들은 절도 짓고 불상도 만들어서 부처를 모시게 됩니다. 그러면서 불교가 탄생합니다. 그러니까 초기 제자들에 의해서 만들어진 것이 불교인데, 이 초기의 불교를 원시불교 또는 부파불교라고 합니다. 여기에서 뛰쳐나와서 원시불교가 틀렸다고 주장하는 사람들이 있는데, 이것을 대승불교라고 합니다. 대승불교를 주장한 사람들이 이전의 불교에 소승불교라는 이름을 붙입니다. 즉 원시불교, 부파불교, 소승불교는 모두 같은 계열입니다. 이렇게 해서 불교는 소승불교와 대승불교, 두 가지로 크게 나눌 수 있습니다.

'승乘' 자는 무슨 뜻일까요? '타다'라는 뜻입니다. 승용차의 '승'이죠. 그러니까 대승불교와 소승불교는 '큰 승용차 vs. 작은 승용차'라고 생각하면 됩니다. 그런데 불교에서는 인생을 고통의 바다라고 생각하니 승용차 대신 배라고 생각하는 게 더 가까울 것 같습니다. 큰 여객선과 1인승 카누라고 할까요? 이 이야기를 하는 건 이미 이름만으로도 두 불교의 성격이 나오기 때문입니다. 소승불교는 개인 불교, 대승불교는 사회 불교라고 할 수 있습니다.

소승불교가 개인 불교로 평가받는 이유는 이들은 오직 딱 한 가지만 생각하기 때문입니다. 개인의 해탈만을 중시합니다. 해탈을 이룬 사람을 '아라한'이라고 부릅니다. 예전에 〈아라한 장풍대작전〉이라는 영화를 만들었던 류승완 감독이 '아라한'의 뜻을 묻는 질문에 도교에서 말하는 도사의 의미로 보면 된다고 했습니다. 그런데 원래 아라한은 소승불교에서 '해탈자'를 부르는 말입니다. 이걸 도교에서 가져가서 도사, 또는 신선의 수준에 이른 사람을 가리키는 말로 썼습니다.

대승불교도 물론 개인의 해탈을 이야기합니다. 스님이 해탈을 포기하면 안 되죠. 그런데 이에 더해서 중생구제를 위한 노력을 같이합니다. 석가모니는 깨달음을 얻고 바로 사망하지 않았습니다. 힘든 몸으로 자신이 얻은 깨달음에 대하여 설법을 하다가 생을 마감했죠. 그래서 석가모니처럼 우리만 깨달을 것이 아니라 다른 사람들도 깨달을 수 있도록 돕자고 주장합니다. 깨달음의 세계로 같이 데리고 가는 것도 하나의 임무라는 겁니다. 그래서 나 혼자 카누 타고 가는 게 아니라 여객선에 다 태우고 가보자는 것이 대승불교입니다.

그런데 카누는 혼자 타고 가면 되지만 여객선은 배를 조종할 줄 알아야 하잖아요. 선장도 있어야 하고 항해사, 승무원도 있어야 합니다. 리더가 필요한 거죠. 그래서 대승불교에서는 리더를 강조합니다. 그 리더를 '보살'이라고 부릅니다. 절에 가면 '보살님'이라는 호칭을 많이 쓰는데, 굉장히 높여 부르는 말입니다. '보살'이 중생을 이끌고 가는 리더라면 당연히 해야 할 일이 있습니다. 그 할 일을 '바라밀'이라고 합니다. 그중에 유명한 것이 '6바라밀', 즉 6개의 할 일이라는 겁니다.

 6바라밀

'바라밀'은 '차안泄岸에서 피안彼岸으로 건너가는 것'이라는 의미로, 일종의 완전 상태를 일컫는 말이다. 6바라밀은 대승불교의 이상적 인간상인 보살의 수행 방법으로, 보시, 지계, 인욕, 정진, 선정, 반야바라밀 등의 여섯 가지로 구성되어 있다. 개인적 차원의 인격 완성을 위해서는 원시 불교의 시제와 팔정도의 가르침으로 충분하지만, 대승불교에서는 이에 만족하지 않고 보살의 수행법으로서 팔정도 대신 6바라밀이라는 독자적인 수행법을 설파했다. 대승불교는 사회적 차원의 '보시' 등을 추가해 대중 불교로서의 특징을 내세운다.

6개의 바라밀 중에 '보시'라는 것이 있습니다. 누군가를 도와주는 것을 의미합니다. 도와주는 것 중에 최고는 무엇일까요? 불교에 '무주상 보시'라는 개념이 있습니다. '무주상無住相'의 '상'은 '서로'라는 뜻이지만, 여기서는 '생각'이라는 뜻입니다. 그래서 무주상은 생각에 머무르지 않는다는 말입니다. 내가 도와준 것을 기억하지 못한다는 뜻이죠. '내가 도와줬으니까 나중에 도움이 되겠지. 나는 훌륭한 일을 한 거야.' 이렇게 생각한다면 이건 도와준 게 아니라는 겁니다. 나조차 몰라야 하는 거죠. 오른손이 한 일을 왼손이 모르게 하라는 말과 같습니다. 생색 내면 도움이 아니라는 겁니다.

개인의 해탈을 중시하는 소승불교에서는 해탈을 위한 엄격한 계율을 중시합니다. 소승불교는 주로 동남아 지역에 많이 퍼졌습니다. 그래서 '남방불교'라는 말도 씁니다. 소승불교의 스님들은 집에 있지 않습니다. 해탈을 꿈꾸기 때문에 가족도 의미가 없는 거죠. 그래서 출가주의의 성격을 보입니다. 스님 중에 주황색 옷을 감고 다니는 분들이 소승불교 스님들입니다. 사회적인 관심은 거의 없습니다.

반대로 대승불교는 사회적인 문제에 신경을 많이 씁니다. 우리나라는 어느 쪽일까요? 유정대사, 사명대사처럼 외세가 침략하면 많은 승병들이 전장에 뛰어들었습니다. 그러니까 우리나라는 대승불교의 성격이 강합니다. 그래서 '호국불교'라는 말까지 있습니다. 스님들이 앞장서서 나라를 지킨다는 겁니다. 중생들의 고통을 가만히 두고 볼 수 없다는 거죠. 이렇듯 대승불교는 나라가 어지러울 때 스님들이 앞장서서 같이 싸웁니다. 그리고 나라가 안정되면 다시 돌아가서 해탈을 위한 수양을 하는 겁니다.

대승불교는 북방불교라고도 합니다. 동북아 불교, 즉 중국, 한국, 일본의 불교를 말합니다. 대승불교는 성격상 중생들과 함께해야 합니다. 그러면 집을 나가서 산속에 있을 수가 없죠. 그래서 재가주의의 성향을 갖고 있습니다. 상대적으로 그렇다는 말이지, 무조건 집을 나가야 하고, 무조건 안 되고 이런 의미는 아닙니다.

대승불교는 3세기경 용수龍樹라는 사람이 만든 불교입니다. 어머니가 용 꿈을 꾸고 나무 밑에서 낳았다고 해서 '용수'라고 이름 지었습니다. 힌디어로는 '나

가르 주나'라고 합니다. 석가모니에 이어 2대 부처라고 불리는 사람입니다. 용수의 대승불교는 석가모니의 공과 중도 사상을 훨씬 더 심화시켜서 뜻을 깊게 만들었습니다. 석가모니의 중도는 쾌락과 고통의 중간이라는 단순한 의미였습니다. 대승불교에서는 '현실과 진리가 하나이며, 우주의 본질과 현실의 양면을 한꺼번에 객관적으로 살피는 것'이 중도라고 설명합니다. 말이 어려워졌죠? 철학적이고 형이상학적인 느낌이 납니다. 대승불교에서는 이런 의미로 중도를 확대해석했습니다.

중국 불교-교종 vs. 선종

지금까지 살펴본 대승불교와 소승불교는 모두 인도 불교의 전개였습니다. 이번에는 중국으로 가보겠습니다. 중국에는 한나라 때 인도에서 불교가 들어옵니다. 이때 종파가 형성이 되는데, 처음 들어와서는 천태종, 화엄종과 같은 종파가 유행했습니다. 그런데 이들 종파를 반대하면서 선종이 등장했습니다. 선종이 나오면서 기존의 천태종, 화엄종을 '교종'이라고 이름 붙였습니다.

교종과 선종은 둘 다 대승불교입니다. 공통적으로 해탈과 중생구제를 꿈꾸는 겁니다. 차이점은 해탈의 방식입니다. 어떻게 노력해서 해탈할 수 있을까를 두고 두 종파가 달라집니다. 교종은 해탈하기 위해서 공부하자고 합니다. 지식을 쌓아야 한다는 겁니다. 그래서 경전 연구를 통해서 부처의 깨달음을 이해하자고 합니다. 선종에서는 해탈은 공부로 되는 게 아니라고 이야기합니다. 석가모니가 공부해서 해탈을 한 게 아니라는 거죠. 그러니 석가모니처럼 수행을 해야 한다고 주장하면서 참선수행을 중시합니다. 수행을 통해 깨달음을 얻자는 겁니다.

"頓悟"
돈   오

: 일거에 깨닫는 것, 또는 그 깨달음.

깨달음은 불교의 기본 용어인데 특히 선종에서 중시합니다. 선종에서 말하는 깨달음의 의미가 중요합니다. 선종에서는 깨달음을 '돈오頓悟'라고 합니다. 순간적 깨달음입니다. 순간적 깨달음에 대한 고사가 많은데, 그중에 '향엄격죽香嚴擊竹'이라는 고사가 있습니다. 향엄은 중국의 선종 스님으로, '향엄격죽'은 향엄이 대나무를 때렸다는 뜻입니다. 향엄이 스승에게 깨달음에 대해서 물었습니다. 그 스승은 선종이니까 당연히 공부해서 깨닫게 되는 게 아니라고 대답했죠. 누가 알려줘서 알 수 있는 것이 아니라고 했습니다. 짜증이 난 향엄이 돌아가면서 자갈을 발로 찼는데 그 자갈이 날아가서 앞에 있던 대나무를 맞혔습니다. 그 순간 향엄이 '아! 이거구나!' 하고 깨달았답니다. '돈오'는 그 정도로 순간적인 깨달음을 말하는 겁니다. 전혀 갈피를 못 잡다가도 한 방에 딱 온다는 거죠. 선종에서는 이렇게 순간적으로 깨닫는 것을 강조합니다. 그런데 순간적으로 무엇을 깨달을까요? 깨달음의 내용인즉슨 '모든 인간들아, 우리는 이미 부처다'입니다. 우리가 이미 불성을 지니고 있는 부처임을 깨닫는 겁니다.

선종 이론에 '4구게'라는 것이 있습니다. 선종의 4대 표어라고 생각하면 됩니다. 첫 번째 이론은 '불립문자不立文字', 두 번째는 '교외별전敎外別傳'입니다. '불립문자'는 문자를 통해서는 제대로 알 수가 없다는 뜻입니다. '교외별전'은 가르치고 배우는 것 외에 별도로 전수되는 무언가가 있다는 겁니다. 결국 두 가지 모두 깨달음이란 가르치고 배워서 얻을 수 있는 것이 아니라는 말입니다. 즉 공부를 통해 깨달음을 얻을 수 있다는 교종의 주장은 맞지 않다는 거죠.

그럼 어떻게 하자는 걸까요? '직지인심直指人心' 하라고 합니다. 인간의 마음을 직접 주목해보라는 겁니다. 그래서 '견성성불見性成佛', 본성을 잘 살피다 보면 이미 부처로 완성되어 있음을 깨달을 것이라고 합니다. 선종이 맞는다는 말이죠. 이 네 가지가 선종의 '4구게'인데, 여기에 하나를 더 덧붙일 때가 있습니다. 바로 '이심전심以心傳心', 마음에서 마음으로 전해지는 것이라고 이야기하는 겁니다.

인도에서 건너온 달마대사를 1대 조사로 여기는 선종은 7세기에 '혜능'이라는 인물에 의해 이론적으로 완성된 모습을 보입니다. 혜능은 선종의 6대 조사로, 『육조단경』이라는 책을 저술했습니다. 혜능은 원래 절의 마당쇠였습니다. 홍인대사가 혜능의 스승인데, 그때만 하더라도 불교가 주축이었던 시대라 귀족 자제들이 스님이 되기 위해서 공부를 했습니다. 당나라 전성기에 불교도 전성기를 누렸습니다. 그래서 모든 귀족들이 아들이 둘 있으면 하나는 나랏일을 하게 하고 하나는 스님이 되는 것을 집안의 영광이라 여겼습니다. 고려도 마찬가지여서 왕자 한 명씩은 스님을 시켰습니다. 의천대사가 원래 고려의 왕자였죠.

그 정도로 불교가 꽃을 피웠던 시기였습니다. 어느 날 홍인대사가 제자들을 가르치고 있는데 제자들이 잘 못 알아듣고 멍하게 있었습니다. 그런데 마당을 쓸던 혜능이 "이거 아닌가" 하고 이야기합니다. 홍인대사가 "누가 얘기했냐?"라고 물으니 제자들은 모두 조용히 있었습니다. 그때 혜능이 무릎을 꿇고 잘못했다고 빌었습니다. 자기도 모르게 말이 튀어나왔다고 빌면서 벌벌 떨었죠. 그랬더니 홍인대사가 무슨 말을 했는지 다시 물어보고는 "야! 빗자루 내려놓고 여기 앉아!"라고 말했습니다. 그래서 혜능이 공부를 시작하게 된 거죠.

하지만 혜능은 귀족 자제들 사이에서 왕따일 수밖에 없었습니다. 훗날 홍인대사가 후계자를 정하기 위해 제자들에게 문제를 냈습니다. 귀족 대표였던 신수 스님과 혜능이 답안지를 냈습니다. 그런데 홍인대사가 결과 발표는 하지 않고 저녁에 혜능을 불러 자신의 수제자라는 증표를 주고는 도망가라고 했습니다. 혜능이 수제자가 되어야 마땅하지만 그렇게 되면 죽임을 당할 것이기 때문에 증표를 주고 내보낸 겁니다. 그리고 다음 날 신수 스님을 후계자로 삼았습니다. 그래서 신수 스님을 중심으로 발전한 것을 북쪽 선종, '북선'이라고 합니다. 베이징을 중심으로 발전한 선종입니다. 북선은 '점오'를 주장합니다. 꾸준히 노력하면서 깨달음에 도달한다는 거죠. 그리고 혜능은 남쪽으로 도망가서 남쪽 선종, '남선'을 발전시킵니다. 혜능은 순간적인 깨달음인 '돈오'를 주장했습니다. 홍인대사는 혜능의 손을 들어주어 이후 선종은 남선을 중심으로 발전하면서 '돈오'가 선종의 핵심 사상이 됩니다.

혜능은 이런 배경을 가진 사람입니다. 공부를 한 사람이 아니니 글을 잘 몰랐겠죠. 그래서 '불립문자'는 혜능의 진심인 겁니다. 글자를 모르는 나도 한 것이니 가르치고 배워서 되는 것이 아니라고 합니다. 그런 마음으로 참선을 하면 깨닫게 된다는 논리로 이야기하는 겁니다.

 달마대사

중국 선종의 창시자. 인도 이름은 보디 다르마이고, 중국에서는 '보리달마' 혹은 '달마'라고 부른다. 인도의 선불교적 특징을 중국에 전달하여 중국 선종에 큰 영향을 끼쳐 선종 1대 조사로 인정된다. 기존의 교종 중심의 강의식 불교를 비판하고 좌선을 중시했다.

불교를 이야기하면서 빼놓을 수 없는 사람이 달마입니다. 〈달마도〉 많이 들어보셨죠? 달마는 인도의 '염화미소'로 대표되는 선불교적 특징을 중국에 전하여 중국 선종의 1대 조사로 인정받고 있습니다. 달마의 공부법도 기억에 남습니다. 공부 쪽으로는 대표적인 사람입니다. 달마는 좀 이상한 사람입니다. 도술 같은 걸 배워서 유체이탈도 합니다. 〈달마도〉를 보면 눈이 튀어나올 것 같고 뚱뚱하고 머리도 없는데, 사실 달마가 원래 그렇게 생긴 사람이 아니었답니다. 유체이탈을 해서 나갔는데 너무 성질이 급했던지라 나가는 방법만 알고 들어오는 방법을 몰랐던 겁니다. 그래서 헤매다가 방법을 깨닫고 어느 시신의 몸에 들어갔습니다. 그러니까 달마의 원래 생김새는 〈달마도〉와 다른 것입니다.

어느 날 달마가 참선을 하는데 졸음이 쏟아졌습니다. 참선의 최대의 적은 바로 졸음이죠. 참선하고 있는 줄 알았는데 자기도 모르게 자고 있으니 달마가 너무 화가 나서 자기 눈꺼풀을 잘라버렸습니다. 눈이 감기는 게 화가 났던 거죠. 공부든 일이든 한번 마음먹었으면 이 정도로 해야 합니다. 그래서 〈달마도〉를 보면 눈이 동그랗고 크게 그려져 있죠. 눈을 감을 수가 없습니다.

그런데 이렇게까지 했는데도 졸음이 그치지 않더랍니다. 눈만 뜨고 있지 실상은 자고 있었던 겁니다. 이게 한심해서 화가 나는데, 그때 바람에 나뭇잎이 날아와 물잔 위에 떴습니다. 가만히 보니까 나뭇잎의 모양이 자기가 잘라낸 눈꺼풀과 비슷한 겁니다. 그래서 자른 눈꺼풀을 생각하면서 수련을 해야겠다고 결심하고 그 나뭇잎을 따다가 물 위에 띄워놓고 공부를 했답니다. 그게 찻잎입니다. 이것이 녹차의 기원이라고 합니다. 불교에서 달마에 의해 시작된 거죠. 그래서 스님들이 녹차를 즐겨 마십니다.

13 도교의 전개

보통 노자와 장자를 '도가'라고 부릅니다. 그리고 노자와 장자를 계승한 사람들이 있는데, 이 사람들을 보통 '도교'라고 부릅니다. 그러니까 노자와 장자의 도가사상이 종교화된 것이라고 볼 수 있습니다. 지금부터 살펴볼 사람들은 노자와 장자가 키운 사람들이 아닙니다. 아무 관계가 없습니다. 사실 노자와 장자도 서로 관련이 없습니다. 노자와 장자는 따로 존재했는데 후세에 연구하는 사람들이 둘을 엮은 겁니다. 생각도 비슷하고 하는 말도 비슷하니 '도가'로 묶었습니다. 그러니 두 학자가 하늘나라에 같이 있다면 어색할 수도 있겠죠?

도가의 한참 후배들도 자의적으로 노자와 장자를 모셔다가 제사를 지내면서 자신들이 노자와 장자를 계승한 사람들이라며 도교를 만들었습니다. 노자와 장자는 그 제사상에 와서 어색하겠죠. 누군지도 모르는 애들인데 자기들에게 스승이라고 부르며 제사를 지내니 낯설지 않겠습니까?

　진나라가 망하고 한나라가 다시 중국을 통일했습니다. 이후에 위진남북조를 거쳐 수나라, 당나라에 이르게 됩니다. 한나라 초기에 등장한 '황로학파', 후한기에 등장한 '오두미교', 위진남북조 시대에 등장한 '현학의 청담사상'이 도교를 이어가고 있었습니다. 한나라에서 유학인 훈고학이 유행하고 당나라에서 불교가 유행할 때, 도교는 이런 흐름을 갖고 명맥을 이어왔습니다.

　'황로학파'는 황제와 노자를 숭상한다는 뜻입니다. 황제는 누굴까요? 중국의 시조는 '3황'과 '5제'입니다. 여덟 명이죠. 신농씨, 복희씨, 황제헌원씨, 이들이 '3황'입니다. 그중 황제헌원씨가 쓴 책이 『황제경』인데, 지금도 전해지고 있습니다. 이 책은 '황제내경'과 '황제외경'의 두 파트로 되어 있습니다. '황제내경'은 정확하게 말하면 의학책입니다. 사람과 관련한 여러 정보들을 다루었는데, 이것이 결국 모든 한의학, 동양의학의 기반이 됩니다. 우리가 흔히 쓰는 태양인, 소음인 등의 사상체질이 전부 『황제경』에 언급되어 있습니다. 사람을 화인, 목인 등으로 나누어서 이런 사람은 어떻게 살며 언제 어떤 병으로 죽을 것이며 등등의 말들을 써놨습니다. 그러니까 일종의 의학적 사주인 겁니다. 도교의 시작은 황제와 노자까지 모시는 것입니다. 그러니까 이때부터 살짝 종교적 색채를 띤다고 생각하면 됩니다. '황로학파'는 노자를 계승한다고 주장하면서 기본적으로 '청정무위'를 중요시합니다. 동시에 도가를 중심으로 유가와 법가 등 모든 것을 합쳤다고 주장합니다.

한나라 후기에 이 『황제경』에 완전히 빠져서 득도한 사람이 있었습니다. '황제내경'을 독파해서 앉은뱅이도 일으킬 정도였습니다. 의학의 신과 같은 인물이 등장한 건데, 그 사람이 바로 장도릉입니다. 이 장도릉이 '오두미교'를 만들었습니다.

장도릉은 자신을 신선 수준으로 생각하며 신선이 되겠다고 이야기했습니다. 중국에 있던 신선 사상이 장도릉에 의해 도교에 도입되었다고 볼 수 있습니다. 그런데 왜 '오두미교'가 됐을까요? 장도릉이 유명해지니 진찰을 한번 받아보려고 사람들이 그를 따라다녔습니다. 앉은뱅이, 눈먼 사람 등 2~3천 명의 무리가 따라다녔다고 합니다. 그런데 이들에게 일종의 진찰료, 입회금으로 다섯 두의 쌀을 받았습니다. 이로 인해 거의 종교가 되었다고 해서 '오두미교'라고 이름이 붙여졌습니다. 최초의 교단화가 됐다고 할 수 있습니다.

그러다가 위진남북조 시대에 접어들면서 도교는 철학적으로 발전합니다. 현명한 학문이라고 주장하는 '현학'이 등장하는 겁니다. 본인들이 진정 현명한 학문이고, 맑고 깨끗한 이야기만 하겠다며 '청담사상清談思想'을 앞세웁니다. 위진남북조 시대는 춘추전국시대가 다시 돌아왔다고 할 만큼 굉장히 혼란스럽고 매일 전쟁을 하던 시기였습니다. 그래서 이 사람들은 전쟁하는 세상을 버리고 산속에서 생활했습니다. 산속에서 이상한 행동들을 많이 하면서 살았죠. 술을 잘 마시기로 유명한 완적이라는 철학자는 술 대작을 하면서 살았습니다. 평생 딱 한 번 술로 졌는데, 그 상대가 멧돼지랍니다. 멧돼지가 술독의 술을 마시고 있는 것을 보고는 너도 마시고 나도 마셔보자 하며 시작했는데, 멧돼지가 계속 마시는 걸 보면서 기절을 했답니다. 결국 대작에서 졌죠. 좀 유별나죠? 그래서 이 사람들에게 초월적, 예술적, 사변적이라는 평가를 내립니다. 현학자들은 '유'의 세계는 진정한 세계가 아니라고 말합니다. 진정한 세계란 '무'의 세계라고 말합니다. 말장난 같죠? 없음의 세계라는 건 결국 없다는 겁니다. 이들은 예술 작품도 많이 남깁니다. 결국 도교는 종교나 예술 쪽으로 발전하게 됩니다.

황로학파부터 현학자들까지 도교를 발전시킨 사람들을 종합적으로 어떻게 보면 될까요? 첫 번째는 세상을 버리고 개인의 자유로움을 많이 추구했다고 볼 수 있습니다. 두 번째로 의학을 많이 연구해 발전시켰다는 점에서 생명을 중시했다고 할 수 있습니다. 또한 현실을 뛰어넘는 초월적 사유를 중시했습니다.

2장

한국 사상의 흐름

원효 사상 / 한국 통불교 / 조선 성리학 /
실학사상 / 개항기 사상

원효 사상

1

지금까지 유교, 불교, 도교를 중심으로 중국의 사상에 대해서 살펴봤습니다. 이제 드디어 우리나라의 사상으로 들어가보겠습니다. 중국에서는 유교가 가장 먼저 시작되었지만 우리나라에서는 시대적으로 불교가 먼저 시작되었습니다. 그래서 우리나라의 불교에 대해 먼저 살펴보겠습니다.

한국의 불교는 대승불교의 특징이 많습니다. 소승불교가 들어오긴 했으나 우리와 맞지 않아서 크게 발전하지 못했습니다. 대승불교 중에서 특히 선종이 주류 불교가 되었습니다. 물론 교종이 들어와서 지금까지도 남아 있지만 비주류라고 할 수 있습니다.

"一切唯心造"

일 체 유 심 조

: 모든 것은 오로지 마음이 지어내는 것이다.

원효대사(617~686)

신라시대의 고승으로 속명은 설서당이다. 의상과 함께 당나라 유학 중에 '일체유심조'를 깨닫고 귀향했다. 요석공주와의 사이에서 설총을 낳고 계율을 어긴 후, 무애가를 부르며 대중에 설법하여 불교의 대중화에 기여한다. 원효가 추구한 원융회통사상은 화쟁 논리(화쟁 사상)라고도 한다. 화쟁 사상은 다양한 종파와 이론적 대립을 소통시키고 더 높은 차원에서 통합하려는 불교 사상이다. 부처가 지향한 이론이 온갖 모순, 대립과 쟁론이 끊어진 절대조화의 세계인 무쟁의 세계인데, 원효는 모순과 대립이 있는 현실에서 모든 대립과 모순, 쟁론을 조화, 극복하여 하나의 세계로 지향하고자 했다. 이는 서로 다른 의견을 소통시키는 데 그 목적이 있었다.

한국 불교를 말할 때 첫 번째로 알아야 할 인물이 바로 원효대사입니다. 원효는 신라 태종무열왕 김춘추의 딸과의 사이에 자식을 하나 두었는데, 그 아이가 설총입니다. 정식으로 결혼을 했다고 보기는 힘들지만 어쨌든 원효는 왕의 사위가 되는 셈입니다. 설총은 8세기 신라 최고의 학자입니다. 이두를 정리하고,

『화왕계』를 써서 왕을 계율하기도 했던 최고의 유학자입니다. 아버지 원효는 7세기 불교의 최고봉이었죠. 아버지는 불교, 아들은 유교, 이런 일은 지금 시대에도 어려운 일입니다. 하지만 이 시대에는 가능했습니다. 삼국시대에는 유불도 중에 어떤 게 좋다 하는 것이 없었습니다. 서로 다른 이야기를 하지만 그중에서 비슷한 이야기를 묶어서 서로 인정해주고 있었습니다.

원효대사의 아내는 요석공주입니다. 요석공주라는 이름은 별명이죠. 결혼을 했는데 남편이 전쟁에서 죽으면서 미망인이 되어 다시 궁으로 돌아왔습니다. 공주의 아버지인 무열왕 입장에서는 시집 보낸 딸이 과부가 되어서 다시 돌아왔으니 얼굴 보면 안타깝기도 하고 불편하기도 했겠죠. 그래서 딸을 나가 살게 했습니다. 궁궐 옆에 따로 별궁을 지어주는데, 그 별궁의 이름이 요석궁瑤石宮입니다. 그런데 원효가 요석궁의 담을 넘어 들어가서 요석공주를 임신시켰습니다(무열왕이 의도한 것이라는 설도 있습니다). 아니, 이게 무슨 일입니까? 스님이 왕의 미망인 딸을 임신시킨 겁니다. 어쨌든 원효의 행동을 우리의 상식으로는 이해할 수 없는 고차원적인 행동이라고 하는데, 술김에 들어간 게 아닐까 싶기도 합니다.

원효의 또 다른 일화가 있습니다. 원효가 훗날 암자에서 혼자 살 때 왕자와 대소 신료들이 암자에 찾아왔습니다. 왕이 가르침을 얻어오라고 보낸 겁니다. 원효가 왕자에게 가르침을 주겠다면서 빗자루를 던졌습니다. 마당을 쓸라는 거죠. 왕자는 기분이 상했지만 신하들이 보고 있으니 알겠다고 하고 종일 마당을 쓸었습니다. 그런데 그때가 가을이어서 계속 바람이 불고 낙엽이 떨어지니 쓸어도 소용이 없었습니다. 그러다 저녁이 돼서 바람이 잦아들자 겨우 낙엽을 한곳에 모을 수 있었고, 이를 확인시키려고 원효를 불렀습니다. 그런데 원효가 나오더니 "어우, 그래도 좀 쓸었네요. 왕자님, 가르쳐드릴게요. 잘 들으세요." 하면서 모아놓은 낙엽을 한 움큼 쥐더니 마당에 뿌려버리더랍니다. 왕자 입장에서는 하루 종일 쓸어서 겨우 모아놨는데 짜증이 났겠죠. 원효가 말했습니다. "왕자님, 가을 마당에는 낙엽이 몇 개 굴러다녀야 제맛인 겁니다. 아셨죠? 이제 돌아가세요." 그런데 이 말을 들은 왕자가 원효에게 절을 하는 겁니다. 정말 감사하다고, 많이 배웠다고 하면서요. 신하들은 어리둥절했겠죠.

제가 볼 때 왕자는 참 똑똑하고 머리를 쓸 줄 아는 사람입니다. 원효는 어쨌든 가르침을 주었고, 왕자는 알아들은 것처럼 절을 했죠. 그러니 신하들은 뭘 가르쳐줬는지는 몰라도 '왕자는 알아들었구나. 역시 달라' 싶었을 겁니다. 원효 역시 왕자가 똑똑하다고 느꼈을 테고요. 진짜로 뭔가 가르침이 있었을 수도 있겠지만, 제가 볼 땐 머리 좋은 두 사람이 꾸민 촌극인 것 같습니다. 이렇듯 기이한 행동을 많이 했던 원효인데, 그중 최고는 그 유명한 해골 바가지 이야기입니다.

해골 바가지가 의미하는 바는 무엇일까요? '일체유심조一切唯心造'의 논리를 주장하는 겁니다. 포인트는 '심조'에 있습니다. 마음의 조작이 중요한 거죠. 정확히 말하면 '모든 건 마음이다'라고 생각하는 사고입니다. 여기서 나온 것이 바로 '일심 사상'입니다. 해석한다면 하나의 마음 되기, 하나의 마음 사상이 될 겁니다. '불심', 부처의 마음으로 한마음이 되자는 겁니다. 부처의 마음을 깨닫고, 우리도 깨닫도록 노력해보자는 논리입니다.

이렇게 불심으로 하나가 되면 좋은데, 문제는 당시 불교계의 모습이 한마음이 아니었다는 것입니다. 불교계 안에서도 지지고 볶고 싸웁니다. 원효가 7세기 사람이고, 중국의 혜능도 7세기 사람입니다. 그러면 선종이 만들어지고 있는 중이었으니 우리나라에는 선종이 없었겠죠? 중국에서 만들어진 다음에 우리나라로 들어왔으니까요. 그럼 원효는 무슨 종파일까요? 교종입니다. 교종이 먼저 들어와서 유행하다가 나중에 선종이 들어오는 겁니다. 그런데 교종 간의 갈등이 굉장히 심각한 상황이었습니다. 원효가 볼 때는 한마음이 돼야 하는데, 오히려 불교계가 더 싸우는 겁니다. 교종 안에 중관학파와 유식학파가 있었는데 이 두 학파 간의 싸움이 계속되었습니다. 중관학파는 '세상이 공한 것은 맞다. 세상이 공하다는 생각이 공한 것도 맞다. 그런데 세상이 공하다는 생각이 공하다고 하는 생각도 공하다……' 이렇게 생각하는 겁니다. 결국 중관학파는 '무'에 수렴합니다. 그런데 유식학파는 세상이 공하다는 것을 인식할 수 있는 나는 있어야 한다고 말합니다. '유'를 인정하는 거죠. 이런 상황에 대해서 원효가 한마디 합니다. 하나의 마음이 되어야 하는데 그러지 못하고 있으니 '화쟁 사상和諍思想'을 주장합니다. 모든 논쟁을 멈추고 조화롭게 살자는 말입니다.

중관학파와 유식학파는 '무'와 '유'를 놓고 싸움을 벌였습니다. 그런데 어느 것이 맞는 건가요? 이미 천 년 전에 석가모니는 '공'을 이야기했습니다. 유일 수도 있고 무일 수도 있는 것을 '공'이라고 말했죠. 하지만 논리적으로 계속 파고들다보니 원래의 의미는 잊어버리고 유와 무를 가지고 싸우는 겁니다. 그래서 원효는 '화쟁 사상'을 이야기했습니다. '화쟁 사상'은 다시 '공'과 '중도'의 의미로 돌아가자는 겁니다. 이론을 재확립하고 재차 강조했다고 할 수 있습니다. 그러니 굳이 싸울 필요가 없는 거죠. 서로 원만하게 섞이고 다시 한 번 하나 되는 '원융회통'을 주장했습니다.

원효가 각 종파의 이론을 비판하거나 부정하는 것은 아닙니다. 유가 맞을 수도 있고 무가 맞을 수도 있으니, 원효는 각 종파의 이론을 인정합니다. 그러면서 더 높은 차원에서의 통합을 주장하는 겁니다. 더 높은 차원이란 부처의 차원을 말하는 거죠. 더 높은 차원의 '공'과 '중도 사상'으로 가자는 겁니다. 그러면 충분히 다시 하나 될 수 있다고 이야기합니다.

"極樂淨土"
극 락 정 토

: 더없이 안락하고 편안하며
아무 걱정이 없는 곳.

원효는 정토 신앙을 보급했습니다. 정토종은 불교의 종파 중 하나로 인도와 중국에도 있었던 종파입니다. 정토는 '극락정토極樂淨土', 더없이 안락하고 편안하며 아무 걱정이 없는 곳을 말합니다. 그래서 정토종은 살면서 선행을 열심히 하고 주문을 열심히 외우다 보면 누구나 다 미륵보살을 만날 수 있다, 해탈할 수 있다고 이야기합니다. 이때 외우는 주문이 바로 '나무아미타불 관세음보살'입니다. 정토종의 입장에서는 착한 일을 하고 주문만 외우면 됩니다. 공부할 필요도 없고, 참선할 필요도 없습니다. 일반 백성들도 다 할 수 있는 거죠. 그러면 다 해탈할 수 있고 극락정토에 갈 수 있습니다. 그래서 불교의 대중화에 기여했다고 할 수 있습니다. 민중적인 불교가 생긴 거죠.

원효의 저서로는 『금강삼매경론』, 『대승기신론소』가 있습니다. 제가 지금까지 동양 사상을 이야기하면서 책 제목을 잘 안 썼는데, 이번에 제목을 언급한 것은 책 제목이 갖는 의미가 크기 때문입니다. 책 제목이 하나는 '론'으로 끝나고, 하나는 '소'로 끝납니다. 원래 불교 경전에는 책 제목이 붙는 원리가 있습니다. 끝말이 정해져 있어요. '경, 론, 소, 초'로 끝나게 되어 있습니다. 모든 불교 서적이 이렇습니다. 불교 서적 중에 '경'으로 끝나는 책이 많죠. 『화엄경』, 『금강경』, 『열반경』, 이런 책들은 부처의 말씀을 적은 책들입니다. 부처님의 책에는 '경'이 붙는 겁니다. 그렇다면 부처가 다시 살아 돌아오기 전에는 '경'으로 끝나는 책은 나올 수가 없겠죠. '론'으로 끝나는 책은 거의 '경'의 수준입니다. 불교에서는 부처가 신이 아니라 우리도 부처 수준이 될 수 있다고 하죠. 그래서 부처의 말씀은 '경'이라고 붙여서 인정해주고, 고승들의 서적에는 '론'을 붙이는 겁니다. '론'의 수준이 안 되는 스님들의 책은 '소', 더 아래의 스님들의 책은 '초'라고 부릅니다. 그렇다면 '론'이 붙은 책을 썼다는 건 거의 부처 수준이라는 겁니다. 동북아시아에는 '론'이라는 책이 없었습니다. 인도의 석가모니 제자 중에 몇몇 사람들의 책에만 제목에 '론'을 붙였죠. 사실 '론'도 석가모니에게 직접 배운 사람들 몇 명의 책에나 붙여주는 제목입니다.

원효의 『금강삼매경론』도 원래는 '론'이 아니라 '소'였습니다. 이 책이 중국으로 유입되었는데, 중국 스님들이 이 책을 읽고 깜짝 놀랐습니다. 거의 석가모니 수준의 완벽한 진리가 들어 있었던 거죠. 그런데 책 이름에 '소'가 붙어 있으니 이건 '소'라고 부르면 안 된다며 '론'으로 바꾸었습니다. 그래서 동북아시아에 '론'으로 끝나는 책은 원효의 저서밖에 없습니다. 그러니까 동북아 불교에서는 원효를 거의 부처라고 생각하는 겁니다. 세계 불교계에서도 손꼽을 만한 인물이 바로 원효대사입니다.

한국 통불교

우리나라의 불교를 통합주의 불교라는 의미로 '통불교'라고 부릅니다. 사상적으로 우리나라 불교의 특징은 철저한 통불교주의입니다. 다른 말로 한다면 조화주의적 성향이 아주 강한 불교입니다. 이런 통불교의 대표가 바로 원효대사입니다. '화쟁 사상' 또는 '원융회통 사상'이 바로 강력한 조화주의 불교를 추구하는 사상입니다.

이런 원효의 사고방식을 계승한 불교가 있습니다. 10세기에 고려가 건국됩니다. 통일신라 말기의 어지러움 속에서 속속 새로운 나라들이 등장했는데, 고려가 이 혼란을 수습하고 새로운 왕조를 열었죠. 땅덩어리를 하나로 합쳤으니, 여기에 중심이 되는 종교 사상도 필요했습니다. 당시에는 불교가 유행했으니 불교 아래 하나로 뭉치자고 하면서 불교를 내세웠습니다. 땅이 하나가 되는 것도 중요하지만 문화, 특히 정신이 하나 되는 것이 중요합니다. 그래서 불교도 통합

되기를 바랐습니다. 그러면서 고려에는 통합주의 불교가 유행했습니다. 교종과 선종의 통합주의 불교였죠.

　　고려 이전으로 거슬러가봅시다. 신라 진골 귀족의 지지를 받던 교종이 있었고, 드디어 신라 후기에 선종이 들어왔습니다. 그래서 신라 말에 교종과 선종이 싸웠습니다. 교종은 '5교'라는 다섯 개의 종파가 유행했고, 선종은 아홉 개의 파가 유행했습니다. 이들 아홉 개의 파가 여러 산속에 자리하고 있어서 '9산'이라고 합니다. 통일신라 말에는 5교와 9산의 갈등이 심각했습니다. 5교는 중앙의 진골 귀족과 친했고, 9산은 지방 호족과 친했습니다. 그래서 선종 세력과 지방 호족, 그리고 골품제 아래 묶여 있던 육두품 세력이 힘을 합쳐 신라를 흔들었는데, 이들을 '반신라세력'이라고 했습니다. 이 세력 중에 궁예, 왕건과 같은 인물이 있었습니다. 이들이 세력을 키워서 고려를 세운 겁니다. 하지만 자기들의 것만 주장하지는 않습니다. 더군다나 본인들이 중앙의 귀족이 되었기 때문에 교종을 수용했습니다. 그럼에도 고려에는 여전히 교종과 선종 간의 싸움이 있었습니다.

" *敎觀兼修* "

교　관　겸　수

: 교리체계인 교와 실천수행법인 지관을
함께 닦아야 한다.

 의천(1055~1101)

고려 중기 승려로, 고려 문종의 넷째 아들이다. 의천이 활동할 당시 불교계는 선종이 강화되어
기존의 교종과 세력 다툼이 있었는데, 의천은 교종 중심의 통합 불교인 '천태종'을 통해 불교의
통합을 이루고자 했다. '내외겸전'과 '교관겸수'를 주장했고, 『신편제종교장총록』을 엮어 대장경 간
행의 초석을 다졌다.

그러나 계속 대립하는 분위기로 갈 수는 없잖습니까. 그때 대각국사 의천
이라는 스님이 '천태종'이라는 종파를 만들었습니다. 그러면서 교종과 선종을
통합하기 위한 노력을 했습니다. 천태종은 중국 불교를 살펴볼 때 나왔었죠.
중국 불교에는 원래 천태종과 화엄종이 있었는데, 선종이 등장하면서 기존의
천태종과 화엄종을 묶어서 교종이라고 불렀습니다. 그러니까 천태종은 중국 교
종인데 그 이름을 그대로 가지고 왔고, 의천의 천태종은 '해동천태종'이라고 합

니다. 한국식 천태종을 만든 겁니다. 이름 자체가 중국 교종의 것이니 당연히 교종을 중심으로 선종을 통합하려고 했습니다.

천태종의 가장 대표적인 이론으로는 '교관겸수敎觀兼修'와 '내외겸전內外兼全'이 있습니다. 핵심은 '겸수'와 '겸전'에 있습니다. 이 말은 교종과 선종을 통합하자, 같이 가자는 말입니다. '교관'에서 '교'는 교종에서 온 글자입니다. 관은 '살피다' 는 뜻인데, 살피는 건 선종이 강조하는 것으로 참선의 다른 이름입니다. 그러니까 관은 '선'이 되어도 무방합니다. 결국 교종과 선종이 겸수하자는 이야기입니다. 그런데 '교'를 앞으로 내세웠으니 교종을 중심으로 하자는 겁니다.

'내외겸전'은 '내'만 강조하는 것이 있고 '외'만 강조하는 것이 있는데 이건 모두 틀린 것으로, 두 개를 겸비해야 한다고 합니다. 참선은 내 마음만 깨달으려고 하고 외부의 지식을 가져오려고 하지 않습니다. 그러니까 '내'만 강조하는 겁니다. 하지만 천태종에서는 이건 잘못된 것이라고 합니다. '외'는 내 마음은 무시하고 밖의 것만 공부하려는 것인데, 이것도 역시 잘못된 것입니다. 공부도 하고 참선도 하면서 같이 갖추어야 한다는 겁니다. 그러니까 이것도 교선 통합주의 사상입니다.

그런데 의천은 고려의 왕자입니다. 고려는 불교에 대한 믿음이 강했기 때문에, 귀족들은 아들이 둘 있으면 한 명은 나랏일을 하게 하고, 다른 아들은 스님으로 키웠습니다. 만약 삼형제라면 첫째는 나라로 보내고, 둘째와 셋째 중에 셋째가 스님이 되는 경우가 많았습니다. 만약 첫째에게 일이 생기면 둘째가 집안을 이어야 하니 셋째를 보내는 거죠. 억울했겠지만 무조건 그렇게 해야 한다고 생각했던 시대입니다. 이런 까닭에 의천 역시 왕자임에도 스님이 됐습니다. 의천은 아버지도 왕이고 형도 왕인 완벽한 왕족이었습니다. 그러니 당연히 교종 중심으로 사고를 했던 겁니다.

그런데 10세기에 시작된 고려가 12세기에 들어서면서 망가집니다. 문벌귀족들이 서로 싸우느라 정신이 없고 퇴폐와 향락에 빠지는 겁니다. 그러던 중 '이자겸의 난'이 일어납니다. 가장 세력이 컸던 귀족이 왕에게 덤빈 사건입니다. 그 이후에는 개경파와 서경파가 싸운 묘청의 '서경천도운동'이 일어났습니다. 그러다 보니 문벌귀족 사회가 점점 썩어가고, 이들과 친했던 천태종도 썩어가기 시작했습니다.

이런 상황에서 12세기 말에 지눌이 등장합니다. '정중부의 난'이 일어난 이후 고려는 무신정권의 시대에 접어들었습니다. 문신들이 서로 세력 다툼 하는 모습을 무신들이 보고 있자니 한심하기 짝이 없는 데다 꼭 나라를 말아먹을 것 같았던 거죠. 거기다 문신과 무신은 업무가 다를 뿐 직급이 높고 낮은 건 아닌데, 이 시절에는 문신이 높고 무신은 하급인 것처럼 대우를 했습니다. 그래서 문신들의 횡포에 무신들의 분노가 점점 쌓이고 있었습니다.

낮은 직급의 문신이 왕의 호위장군인 높은 직급 무신들의 수염을 태우는 일도 있었습니다. 무신들 입장에서는 최고 선배 격인 사람이 나이 어린 문신에게 무시당하는 걸 보니 더 이상 참을 수가 없었던 거죠. 들고일어나서 문신들을 모조리 제압해버립니다. 이 사건이 바로 1117년에 일어난 '정중부의 난'입니다. 무신정변이 시작되어 문신을 다 없앰과 동시에 교종 중심의 불교도 다 없애버렸습니다. 이때쯤 불교 안에서도 새로운 세력이 등장했습니다. 불교의 개혁을 주장하는 젊은 스님들이 있었는데, 그 우두머리가 바로 지눌입니다.

"頓悟漸修"
돈　　오　　점　　수

: 문득 깨달음에 이르기까지
반드시 점진적 수행이 따른다.

 지눌(1158~1210)

고려 중기 승려로, '정혜결사'를 조직하여 불교 개혁 운동을 주도했다. 선종을 중심으로 불교를 통합하여 교종과 선종 간의 갈등을 해결하고자 했고, 조계종을 창시했다. '돈오'라는 선종의 깨달음을 강조하면서도 '돈수'를 반대하고 점진적인 수행인 '점수'를 주장했고, 그 방법으로 '정혜쌍수'를 주장하여 선정과 지혜를 겸비할 것을 강조했다. 저서로는 『권수정혜결사문』, 『수심결』 등이 있다.

지눌 스님은 '정혜결사'라는 젊은 스님들의 단체를 만들었고, 조계종을 창시했습니다. 지눌에 의해서 교선통합이 어느 정도 완성되었다는 평가를 받고 있습니다. '조계'란 지역 이름인데, 선종 6대 교주인 혜능 스님이 활약하던 지역이 '조계리'였습니다. 즉 조계종은 선종을 계승한다는 말입니다. 선종을 중심으로 교종을 결합한 조계종이 무신정변 이후 우리나라를 장악하게 됩니다. 현재까지도 한국 불교는 90% 이상이 조계종입니다. 천태종, 태고종, 열반종 같은 종파들이 현재까지 남아 있지만 세력이 아주 작습니다. 고려 때 밀린 이후 계속 유지되는 것입니다. 그래서 우리나라는 선종 중심의 불교이고, 우리나라 불교의 1대 1인자는 원효대사, 2대는 지눌 스님이 되는 겁니다.

조계종은 선종에 뿌리를 두고 있으니 '돈오'를 강조했습니다. 혜능은 '돈오돈수'를 주장했습니다. 한 방에 깨닫고 수양은 없다는 거죠. 깨달으면 수양은 필요가 없습니다. 그런데 지눌은 '돈오점수頓悟漸修'를 주장했습니다. 한 번 깨닫는다고 다 되는 것이 아니라 점차로 수양을 해야 한다는 겁니다.

지눌은 '점수', 즉 계속 수행을 해가는 방법으로 '정혜쌍수定慧雙修'를 이야기합니다. 여기서 중요한 것은 '쌍수'입니다. 이것도 천태종의 겸수, 겸전처럼 통합주의의 특성을 가리키는 말입니다. '정혜쌍수'는 선정과 지혜를 겸비하라는 말인데, 선정과 지혜는 6바라밀에 나오는 겁니다. 6바라밀 중에서 이 두 가지가 가장 중요하다고 하면서 '선정'을 앞에 내세웠습니다. 즉 선종 중심의 수련이 필요하다고 보는 거죠.

지눌 스님의 말 중에서 '선시불심 교시불어禪是佛心 敎是佛語'라는 말이 있습니다. '선'은 부처의 마음이며, '교'는 부처의 말씀이라는 뜻입니다. 그러니까 선종과 교종이 싸울 필요가 있을까요? 어차피 다 부처의 것이잖아요. 부처의 마음과 부처의 말씀인데 왜 싸우느냐, 서로 합하자는 말입니다. 그런데 마음이 말씀으로 표현되는 것이니 더 본질적인 것은 마음이 되겠죠. 그래서 선종 중심으로 가자는 속뜻이 담긴 말이기도 합니다.

천태종과 조계종은 둘 다 교종과 선종의 통합주의라는 공통점이 있습니다. 통합을 위해서 노력한 종파들입니다. 또 의천과 지눌 모두 자신들의 스승으로 한 사람을 지목했습니다. 바로 원효대사입니다. 원효대사도 통합을 주장했었죠. 이때 드디어 원효가 처음으로 국가의 대표 스님으로 인정받으며 시호를 얻게 되는데 그 호가 '화쟁국사'입니다. 그러니까 원효대사는 사망하고 3~400년 후에 재조명되면서 우리나라 불교 사상계의 대표라고 평가받은 겁니다. 거기다 의천과 지눌 모두 원효대사와 화쟁 사상을 계승했다고 이야기합니다. 다만 차이점은 의천은 교종 중심이고, 지눌은 선종 중심이라는 겁니다.

조선 성리학

조선 성리학은 저와 인연이 깊은 학문입니다. 고마운 인연이죠. 제 전공이 바로 조선 성리학인데, 이렇게 생업에 도움이 될 줄은 몰랐습니다. 수학능력시험에 이 부분 문제가 어렵게 출제되면서 제가 특강을 찍어서 인터넷에 올리곤 했었는데, 결국 그게 저를 유명하게 만들었습니다. 그러니까 저에게는 정말 고마운 학문이고, 감사드려야 할 분들이 이황, 이이입니다.

이황과 이이는 우리가 많이 쓰는 천 원, 오천 원 지폐에 나오는 할아버지들이죠. 이분들이 도대체 어떤 주장을 하셨기에 역사의 수많은 왕들을 제치고 당당히 지폐 모델이 되었을까요? 또한 왜 이황이 천 원, 이이가 오천 원 모델로 결정되었을까요? 중국과 일본에서는 이황의 학문이 대단히 높은 평가를 받고 있습니다. 그런데 우리나라에서는 이이를 더 높이 평가합니다. 그래서 우선 조선 성리학을 살펴보고 이황과 이이의 주장을 공부해보겠습니다. 어떻게 다른 지, 어떤 주장을 펼쳤는지 알아봅시다.

사실 앞에서 성리학을 공부했기 때문에 어렵지 않게 볼 수도 있겠지만, 기억이 나지 않아 앞 내용을 다시 봐야 하나 고민되나요? 그렇다면 먼저 성리학을 다시 정리를 해보겠습니다. 성리학의 1번 이론은 '리일분수설'입니다. 우주에는 천리가 있고 천리는 인간뿐 아니라 개별 사물에 내재되어 있습니다. 그것들이 각각의 '리'인데 인간에게 있는 '리'는 '성'이라 부릅니다. 그래서 결국 인간의 '성'이란 천리인 겁니다. 그래서 '성'이 곧 '리'라고 해서 '성즉리설'이 나왔습니다. 기억나시죠? '리일분수설'에 입각한 '성즉리설'이 성리학의 첫 번째 이론입니다.

두 번째, 본성은 다른 말로는 성이라고 하고, 다시 본연지성이라고도 합니다. 이게 바로 우리의 마음이죠. 여기서 중요한 건 '성'을 '본연지성'과 '기질지성'으로 나누어서 생각하면 안 된다는 겁니다. 대부분의 사람들이 두 개로 나누면 각각의 장단점을 비교하고 역기능, 순기능 등을 머릿속에 떠올리는데, 이건 서구적 사고방식입니다. 하나를 두 개로 나누면 그 두 개를 다른 것으로 생각하게 되죠. 그런데 성리학에서는 그런 의미가 아닙니다. '본연지성'이 있는데 실제로는 착한 마음이 드러나 있는 것이 아니라 오염된 것들로 둘러싸여 있습니다. 그 둘러싸여 있는 본연지성을 '기질지성'이라고 합니다. 그러니까 사실 같은 것을 두 개의 다른 이름으로 부르는 거죠. 그래서 '본연지성'은 선천적 본성이라고 할 수 있고, '기질지성'은 현실적 본성이라고 할 수 있습니다. '본연지성'은 절대선, 즉 '순선'이라고 합니다. '기질지성'은 선할 수도 있고 악할 수도 있습니다.

세 번째는 주자의 성리학을 다룬 앞부분에서는 나오지 않았던 새로운 내용인데 '심통성정론心通性情論'이라는 것입니다. 앞에서 다루지 않은 이유는 이것이 바로 지금 살펴볼 조선 성리학의 핵심이라고 할 수 있기 때문입니다. 마음은 성정을 통한다는 뜻입니다. 먼저 '통한다'는 말은 통섭이라는 의미로 쓰는데, 영어로 이해하시면 더 쉽습니다. 포함하고include 동시에 조절한다control는 뜻입니다. '심'이 '성정'을 포함하고 있다는 겁니다. 그러니까 '심'이 더 큰 개념인 거죠. 그리고 그 '심'이 작용을 할 때 '성정'을 다 컨트롤한다는 겁니다.

'심'이라는 말은 양명학에서 많이 씁니다. 성리학은 '성'이라는 말을 많이 씁니다. 그런데 이렇게 나누는 건 유치한 해석입니다. '심'을 양명학에서만 쓰는 것은 아닙니다. 성리학에 '심통성정론'이 있다는 건 성리학도 '심'이라는 개념을 쓴다는 말입니다. 다만 즐겨 쓰지 않고 강조하지 않을 뿐이죠. '심'은 인간 정신의 총체입니다. 가장 큰 개념이죠. 정신, 사고, 생각, 영혼, 이런 것들을 모두 포함하는 가장 큰 개념이 '심'입니다. 그런데 이 '심'이 가지고 있는 상황에 따라서 '성性'과 '정情' 두 가지로 나누어지는 겁니다. 한자를 보면 좌변의 글자가 둘 다 '마음 심'입니다. 그러니까 '성'과 '정' 모두 마음이라는 거죠. 마음을 설명하는 두 개의 개념이라고 생각하면 됩니다.

'성'은 마음의 본체라고 말합니다. 마음의 본래 상태 정도의 뜻입니다. 마음은 원래 '성'의 상태에 있다는 겁니다. 그런데 외부의 자극에 의해서 마음이 움직이겠죠? 물이 담긴 찻잔을 마음의 본래 상태라고 합시다. 탁자 위에 가만히 두면 물결이나 흔들림이 없겠죠? 이걸 '성' 상태에 있다고 합니다. 그런데 제가 탁자를 툭 치면 출렁거리겠죠? 이 출렁거리는 상태를 '정' 상태라고 하는 겁니다. 그래서 '정'은 마음의 작용 상태라고 합니다. 마음의 움직이는 상태를 말합니다. 동양은 장점과 단점, 역기능과 순기능, 이런 식으로 구분을 하지 않습니다. 마음인데 마음의 원래 상태와 움직인 상태, 본래의 성과 오염된 성, 이런 식으로 구분됩니다. 그래서 '심'도 '성'과 '정' 두 가지가 있다는 게 아니라 '심'은 원래 다 '성'인 겁니다. 그러다 외부의 영향으로 '정'으로 바뀌는 거죠. 상태의 차이라고 할 수 있습니다.

어쨌든 '성'과 '정'이 모두 마음인데, '성'은 '미발심未發心'이라고도 합니다. 아직 움직이지 않은 마음이라는 겁니다. '정'은 이미 움직인 마음, '기발심既發心'이라고 합니다.

그러면 '성'의 구체적인 내용은 뭘까요? '성'은 인간에게 있는 '하늘의 리'를 뜻합니다. 그러니까 '리'의 측면을 가지고 있습니다. '정'은 움직인 것이니 '기'의 측면이라고 할 수 있습니다. '성'의 구체적인 내용물은 다름 아닌 '4덕'입니다. 인, 의, 예, 지의 4덕을 말하는 겁니다. 이게 바로 '본연지성'입니다. 그러면 '성'이라고 하는 4덕이 외부의 작용에 의해서 움직입니다. 움직인다는 건 무슨 뜻일까요? 제 딸이 지금 초등학교 3학년인데, 점점 저하고 잘 안 놀려고 해서 고민입니다. 예전에 딸이 저한테 놀아달라고 했던 네다섯 살 시절에는 제가 수업을 마치고 들어가면 11시가 넘으니 딸아이는 항상 자고 있었죠. 아침에는 딸은 7시에 일어나고 저는 늦게 일어나니까 자고 있는 저에게 와서 딸아이가 놀아달라고 조릅니다. 저는 비몽사몽 상태인데 갑자기 벌떡 일어나서 "그래, 같이 놀자!" 이렇게 되지가 않죠. 그때의 제 명한 마음 상태가 '성' 상태입니다. 마음이 움직이지 않죠. 그러다가 제가 안 놀아주면 딸이 하는 행동이 있는데, 그 황당하고 웃긴 행동에 어이가 없어서 일어납니다. 점프를 해서 제 얼굴에 앉는 겁니다. 자면서 엉덩이가 제 얼굴로 온다는 게 느껴져요. 황당하죠. 그래서 잠이 깹니다. 그런데 여기서 제 마음이 황당함, 웃김이라는 감정으로 바뀌었죠? '정' 상태로 전환된 겁니다. 그래서 '성'은 본성이라고 생각하면 되고, '정'은 감정이라고 생각하면 됩니다. 아무런 감정도 없었다가 외부의 자극이 오면 출렁하고 움직이는 거죠. 무채색의 물이 '성'이라면, 물감이라는 외부 자극에 의해서 색이 변한 물이 '정'입니다. 물감의 색이 다양하듯이 '정'도 희노애락과 같이 여러 가지 종류를 가지고 있습니다. '정'은 '7정'이라고도 합니다. 『예기』에 나오는데 인간의 감정은 7가지가 있다고 합니다. '희노애구애오욕喜怒哀懼愛惡欲'으로, 기쁨, 분노, 슬픔, 두려움, 사랑, 싫어함, 욕망의 일곱 가지로 볼 수 있습니다. 이걸 줄여서 우리는 '희노애락'이라고 많이 씁니다. 그래서 '4덕'이 외부의 어떤 작용, 자극에 의해서 '7정'으로 변하는 것입니다. 이것이 '성'과 '정'의 개념입니다.

그런데 궁금한 게 하나 생깁니다. 우리가 맹자의 '4덕'을 살펴볼 때 하나가 더 있었죠? 4단, 기억나시죠? 이 '4단'은 '성'일까요, '정'일까요? 이게 첫 번째 이슈입니다. '4단'의 대표가 측은지심입니다. 타인의 불행을 불쌍해하는 마음이죠. 친구가 커피를 들고 가다가 넘어져서 무릎도 까지고 커피가 옷과 신발, 가방에 쏟아졌습니다. 그러면 '아 안됐다, 어떡해' 하는 생각이 들잖아요. 그러면 마음이 움직인 겁니까, 안 움직인 겁니까? 움직였죠. 특정한 감정입니다. 그러니까 '4단'은 '정'의 상태입니다. '성'과 '정'은 선악을 구별하는 게 아니라 움직였나, 안 움직였나를 구분하는 겁니다.

'성'이 움직이면 '정'이 됩니다. 그 말은 '4덕'이 움직이면 '4단'이나 '7정'이 된다는 거죠. 그런데 여기서 헷갈립니다. 움직이는 건 '4덕' 하나인데, 결과는 두 개가 되는 거죠. 그러면 '4단'과 '7정'의 관계는 어떻게 되는 건가요? 뭐가 더 큰 건지, 두 개가 다른 건지, 두 개가 다르다면 '4덕'이 어떨 때 '4단'으로 가고 '7정'으로 가는지 설명이 안 되는 겁니다. 이 부분을 자세히 설명하지 않고 주자가 세상을 떴습니다. 그래서 후배 학자들이 이 문제로 왈가왈부하게 됩니다. 중국의 학자들은 크게 논의하지 않는 분위기였습니다. 복잡하다 이거죠. 그런데 이게 우리나라에 들어와서 이황과 이이가 논리를 확장하면서 열심히 논쟁한 겁니다. 그게 바로 '4단7정 논쟁'입니다. 그 관계를 정리해보자는 거죠.

"理貴氣賤"
리 귀 기 천

: 리는 귀하고 기는 천하다.

"理通氣局"
리 통 기 국

: 리는 통하고 기는 국한된다.

퇴계 이황은 '4단7정 논쟁'을 시작한 학자라고 볼 수 있는데, 퇴계는 고봉 기대 승이라는 사람과 '4단7정 논쟁'을 벌였습니다. 그래서 '4단7정 논쟁'을 줄여 '퇴 고논쟁'이라고도 합니다. 그런데 이 논쟁이 시작될 때 이황이 60세였고 기대승 이 31세였습니다. 스물아홉 살 차이입니다. 지금 만약에 31세 후배가 60세의 대학자, 모든 사람이 존경하는 그런 학자에게 "당신 틀렸소" 하면 어떻게 될까 요? 소리 소문 없이 학계에서 묻힐 수도 있습니다. 그런데 이황은 그 논쟁을 받 아들여 기대승과 7년 동안 편지를 주고받았습니다. 이황의 개방적 사고는 현재 우리나라 학계에는 없는 것이라고 생각합니다. 그래서 이황이 대학자인 겁니다. 이런 논쟁을 수용해주고 자신이 틀린 건 인정하고 수정도 합니다. 갑갑한 할아 버지가 아니라 열린 사고와 마음을 가진 인격적으로 완벽한 분이었습니다.

이이는 샘이 날 정도로 부러운 인물입니다. 우리나라 최고의 어머니인 신사임당의 아들이라는 것은 모두가 아는 사실이죠. 그건 그렇고, 조선시대에는 정기적인 과거시험이 3년마다 있었고, 대왕대비의 환갑을 기념하거나 왕자의 탄생을 축하하는 등 특별한 행사가 있을 때 치르는 특별시험이 있었습니다. 그래서 평균적으로 2년에 한 번은 과거시험이 있었죠. 이이는 20대 중반부터 30대 초반까지 10년 동안 9번의 시험을 치렀는데 9번 연속으로 1등을 했습니다. 엄청난 인물입니다. 한 번 과거에 붙었는데 왜 계속 시험을 쳤느냐면, 다시 시험을 쳐서 좋은 성적을 거두면 승진을 할 수 있었기 때문입니다. 그래서 이이는 초고속 승진을 했습니다. 30대 중반에 성균관 대제학 자리에 올랐으니, 지금으로 치면 서울대 총장 겸 교육부 차관이 되는 겁니다. 요즈음 많이 쓰는 말로 '엄친아'라고 할 수 있죠. 이이는 학문의 깊이도 있고 현실의 삶도 훌륭한 완벽한 인간으로 평가받습니다.

이이의 글을 보면 이황의 이론에 대해 강한 어조로 "나이가 들어서 헷갈리시나 본데……"라며 비판을 하기도 합니다. 그런데 이황은 이런 후학들의 비판을 수용하고 이론을 변경하기도 하죠. 자신은 이런 의미로 말한 것이니 이해를 부탁한다는 모습을 보이기도 하고요. 학자적 양심이 대단하신 분이고, 진정 대학자로서의 면모를 보여주는 분입니다.

먼저 '리기'의 정의와 관련해서 이황의 주장을 보겠습니다. 이황은 리는 귀한 것이고 기는 천한 것이라고 하여 '리귀기천理貴氣賤'을 주장했습니다. 리는 장수고 기는 졸병이라고 쓰기도 합니다. 그러니까 '리'와 '기'의 관계를 수직적으로 보는 겁니다. 위아래의 개념인 거죠. 결국 이황은 '리귀기천'을 주장하면서 '리'의 귀함을 강조하고 싶었던 겁니다. 그래서 이황의 주장을 '리존설'이라고 합니다.

여기서 학창 시절에 이황은 '주리론', 이이는 '주기론'이라고 배운 것을 기억하시는 독자들이 있을 겁니다. 그런데 이제는 그런 말을 쓰지 않습니다. 그 용어들은 일제 강점기에 일본 학자들이 조선 성리학을 정리하면서 만든 것들이기도 하고, 내용 자체가 틀렸기 때문입니다. 누구는 주리, 누구는 주기라고 말할 수가 없는 것이, 성리학은 기본적으로 '리'를 강조하는 것을 전제하고 있기 때문입니다. 그러니까 이이를 '주기론'이라고 하는 순간 이이는 '리'를 강조하지 않는 것처럼 되니 이는 틀린 말이 됩니다. 굳이 말하면 이황은 오직 '리'를 주장하고, 이이는 '리'와 '기'를 동시에 주장한다고 할 수 있습니다.

이황이 '리'를 하도 강조하니 후배들이 의문을 가졌습니다. 너무 '리'에 편향되어 있는 것 아니냐, 수직적 관계는 아니지 않느냐고 편지를 보낸 적도 있습니다. 이에 이황은 "내가 이런 뜻으로 말한 것이니 더 이상 이야기하지 말아달라"고 이야기했습니다. 그랬더니 후배들이 "아, 그런 뜻입니까? 더 이상 따지지 않겠습니다" 하면서 '리귀기천'에 대한 논쟁이 끝났습니다. 이황은 논리적인 의미라기보다 선언적 의미, '이랬으면 좋겠다'는 뜻으로 도덕 의무적인 차원에서 말한 것이기 때문에 논리로 따질 필요가 없으니 인정해달라고 했습니다. 그 내용은 이렇습니다.

'리존설'은 '리'를 존중하는 것입니다. 그렇다면 동시에 '성'을 존중하는 거죠. 결국 우리의 본성이 존중되는 겁니다. 그 본성의 성질은 순선, 오롯이 착합니다. 그러니 '리'를 존중하는 건 우리 본성의 순선함을 높게 평가하는 것이 됩니다. 우리는 착하다는 거죠. 본성의 순선함을 강조하기 위해서 '리'부터 강조하는 것입니다. 그래서 '리'를 세게 말하는 거니 인정해달라고 이황이 말했고, 후

배들이 인정을 한 겁니다.

이이가 처음 '리기'의 의미에 대해 반박했던 논리는 이렇습니다. 이이는 리는 모든 사물에 공통적인 것이고, 기는 국한되는 것이라는 의미의 '리통기국理通氣局'을 주장했습니다. 성리학의 '리일분수설'에 입각해서 이런 주장을 했는데, 개개의 사물에 있는 '리'는 공통된 것이며, '기'는 그 사물의 쓰임, 성질, 생김에 따라 국한된다는 것입니다. 그러니까 이이가 주자의 이론을 더 논리적으로 설명한 겁니다. 이황은 도덕적인 차원에서 이야기하려고 했던 거고요.

여러분과 저의 공통점은 사람이라는 것입니다. 차이점은 저는 이 책의 저자이고, 여러분은 독자라는 것입니다. 그러니까 사람은 공통점이고, 저자와 독자라는 점은 차이점입니다. 사람이 '리'고 저자와 독자가 '기'인데, 둘 중 뭐가 높고 낮다고 할 수 있나요? 같은 점과 다른 점일 뿐이죠. 결국 '리'와 '기'를 동시에 보자는 겁니다. 높고 낮음이 아니라 같은 점을 모아서 부르면 '리', 다른 점을 모아서 부르면 '기'인 겁니다. 그래서 이이는 '리기'를 동시에 강조하는 사고방식입니다. 이황이 도덕주의라면 이이는 도덕과 현실을 동시에 강조한다고 보기도 합니다. 그렇기 때문에 이이가 정치 참여에 좀 더 적극적이었던 겁니다.

이이는 '기'도 강조하는 사람이기 때문에 '사회경장론'을 펼칩니다. 경장이라는 말, 어디서 들어보셨습니까? 갑오개혁을 갑오경장이라고도 하죠. 경장은 개혁이라는 뜻입니다. 이이는 사회개혁론을 주장을 했습니다. 얼마 전 영화 〈명량〉이 흥행에 크게 성공하면서 이순신 장군과 임진왜란에 대한 관심이 굉장했었습니다. 이이는 일본이 쳐들어올 것에 대비해서 '십만양병설'을 주장했습니다. 그런데 조정에서 받아들이지 않았죠. 그런데 조선에서 사회개혁을 주장하는 사람들은 대부분 실학자들이죠? 이이의 후배들이 나중에 실학자가 되는 겁니다.

"理氣互發說"

리 기 호 발 설

: 리와 기가 모두 발한다.

"氣發理乘一途說"

기 발 이 승 일 도 설

: 발하는 것은 기고, 발하게 하는 원인은 리다.

'리기'의 정의에 대해서 두 학자의 차이를 살펴봤고, 두 번째로 '리기'의 작용에 대한 이황과 이이의 주장을 보겠습니다. 이황은 '리기호발설理氣互發說'을 주장했습니다. '리기'가 어떻게 움직이느냐 하는 건 우주의 원리와 현상이 어떻게 움직이는가를 공부하는 거죠. 요즈음 천체물리학에서 연구하는 겁니다. 그런데 이 당시는 과학이 없었으니 철학에서 우주에 대한 이야기를 합니다.

이황은 '리'가 움직이고 '기'도 움직인다고 이야기합니다. 그래서 '리기호발'입니다. '호'는 '상호'할 때의 호입니다. 영어로 하면 'both 리 and 기'가 되겠죠. 둘다 움직인다는 겁니다. 그래서 '리'가 움직여서 '4단'이 나오고, '기'가 움직여서 '7정'이 나온다고 이야기합니다. '리'가 움직인다는 건 '본연지성'이 움직인다는 말이고, '기'가 움직인다는 건 '기질지성'이 움직인다는 말입니다. 이황은 '본연지성'과 '기질지성'이 따로 움직인다고 생각하는 사람입니다. 온전히 착한 본성만 움직일 때도 있고, 오염된 기질이 움직일 때도 있다고 이야기하는 겁니다. 순선한 본성이 움직여서 '4단'이 나오는 것이니 '4단'도 순선합니다. 그런데 오염된 기질이 작용하면 '7정'이 나옵니다. 그러니까 선할 수도 있고 악할 수도 있죠.

그런데 이 주장에 대해서 기대승이 신랄한 비판을 합니다. 성리학에는 '리기'의 관계에 관한 이론이 있습니다. '불상리 불상잡不相離 不相雜'이라고 주자가 이야기했습니다. '리'와 '기'는 서로 이별하는 관계도 아니고 서로 혼잡한 관계도 아니라는 말입니다. 이별은 분리된다는 뜻이고, 혼잡하다는 건 섞인다는 뜻입니다. 그러면 '리'와 '기'는 분리되는 것도 아니고 섞인 것도 아닌 애매한 상태입니다. 또 어느 문장에서는 불상리가 맞는다고 하고 다른 문장에서는 불상잡이 맞는다고 합니다. 그러니까 주자도 정확하게 모르는 거죠. 이러다가 주자가 세상을 떠나버렸으니 아무도 알 수가 없습니다. 주자 이론의 완성은 이황과 이이가 한 겁니다.

주자가 이렇게 '불상리 불상잡'을 던지고 사망했는데, 이황은 '리'가 따로 움직이고 '기'도 따로 움직인다고 했습니다. 떨어졌다는 거죠. 그런데 주자는 '불상리'라며 떨어질 수 없다고 했습니다. 그래서 기대승이 반박했던 겁니다. 그때 이황이 자신의 실수를 인정하면서 다시 설명했습니다. '리'가 발할 때 '기'는 그것을 따라옵니다(리발기수지). '기'가 발할 때는 '리'는 그것 위에 올라타 있습니다(기발리승지). 이황이 예를 들어 설명했습니다. '리'가 사람이고 '기'가 말입니다. 첫 번째, 사람이 움직이면 말이 따라오죠. 두 번째, '말'이 움직입니다. 이제 말이 주어가 됐죠. 그때 사람은 '승', 타고 있다는 겁니다. 이렇게 설명하며 기대승에게 편지를 보냅니다. 이해할 수 있을지 몰라서 동화처럼 얘기해본 건데 이해가 되시는지, 하면서 약간은 비아냥거리며 편지를 보냈습니다.

이 주장을 들은 이이는 말이 안 된다고 하며 '기발이승일도설氣發理乘一途說'을 주장합니다. '기'가 발할 때 '리'가 올라타는 한 가지 케이스밖에 없다는 겁니다. 그러니까 이황이 말하는 두 번째 '기발리승지'만 맞는다고 생각하는 겁니다. 그래서 결국 움직이는 것은 '기질지성'이고, 선하기도 하고 악하기도 한 '7정'이 나오는 겁니다.

그런데 문제가 생겼습니다. 이황의 이론에서는 '4단'과 '7정'이 모두 설명됐습니다. 그런데 이이는 '기발리승지'만 택했기 때문에 '7정'은 설명이 되지만, '4단'은 어디서 온 것입니까? 이이는 '7정' 중에 선한 측면을 '4단'이라고 부를 뿐이라고 합니다. 즉 '4단'은 따로 있는 것이 아니라고 생각했습니다. 이황은 '4단'과 '7정'이 별개라고 생각했고, 이이는 '7정' 안에 '4단'이 들어 있다고 생각했습니다. 이걸 '7정포4단' 또는 '7정겸4단'이라고 합니다. 이이는 포함주의입니다. 기질지성 안에 본연지성이 들어 있다고 생각합니다. 기질지성이 선한 것도 있고 악한 것도 있는데 그중에서 선한 것이 본연지성이라고 설명합니다. 이이는 모든 것을 포함관계로 설명하고 있습니다.

이황은 구분주의입니다. '4단'과 '7정'도 따로 이야기하고, 본연지성과 기질지성도 따로 이야기합니다. 그러니까 이황은 불상잡, 섞일 수 없다는 것을 강조하는 겁니다. 반대로 이이는 항상 포함되어 있으니 불상리, 떨어질 수 없다는 사고방식입니다.

이황과 이이에 대해서 또 하나 봐야 할 것은 '경敬'입니다. 이황을 보통 '경 사상가'라고 합니다. '경'의 개념을 많이 강조했습니다. '경'을 강조하는 것은 모 든 성리학의 대전제입니다. 따라서 이이도 '경'을 강조하지만 이와 함께 '성誠'을 강조합니다. 어쨌든 둘 다 '경'을 강조합니다.

'경敬'은 '공경할 경', '성誠'은 '정성 성'입니다. 하지만 이건 한자의 뜻이고, 이 황과 이이가 말하는 뜻은 다릅니다. '성'은 참됨, 진실됨이라는 뜻입니다. 이황 은 '경'만 강조했는데, 이이는 '경'은 방법일 뿐이고 이걸 통해서 목표로 가야 한 다고 주장했습니다. 이이가 말한 목표가 바로 '성'입니다.

이황은 크게 네 가지로 '경'에 대해 설명했습니다. '주일무적主一無適', '정제엄 숙整齊嚴肅', '기심수렴其心收斂', '상성성常惺惺' 하는 것이 '경'이라고 설명합니다. '주일무 적'은 하나에 주목해서 적막하고 고요한 상태로 가자, 정신을 집중하자는 뜻입 니다. '정제엄숙'은 단정함과 깔끔함, 엄숙한 태도입니다. '기심수렴'은 그 마음을 수렴하자는 뜻입니다. 짜증이 난다면 그 마음을 끌어와서 잠깐 생각해보는 겁 니다. '내가 짜증내는 것이 맞는 건가' 하면서 되새겨보자는 겁니다. 반성하고 성찰하자는 거죠. '상성성'은 깨어 있음을 말합니다. 그래서 항상 정신을 집중하 고, 단정하고 엄숙한 자세로 항상 반성하면서 흐리멍덩하게 있지 말라고 했습 니다. 그러면서 항상 행동할 때 삼가고, 혹시 잘못할까 두려워할 줄 알아야 한 다고 합니다. 이게 바로 '경'의 뜻입니다.

이러면서 이황이 한 말이 있습니다. 남들이 있을 때는 이렇게 잘하는데, 혼자 있을 때도 이렇게 해야 한답니다. '신독愼獨', 즉 혼자 있을 때도 신실하게

'경'을 실천하라는 겁니다. 밖에서, 남들 앞에서는 잘하고 집에 돌아왔을 때나 혼자 있을 때 아무렇게나 해서는 안 된다는 겁니다.

주자의 성리학은 이황과 이이가 다른 학자들과 편지를 주고받으면서 토론하고 싸우는 과정에서 정리되고 완성되었다고 할 수 있습니다. 그래서 중국, 일본의 주자학자들이 이황과 이이를 최고로 높이 평가하는 거죠. 우리나라에서 세계적으로 존경받고 인정받는 철학자가 나왔다는 것에 자부심을 가져도 됩니다.

"實事求是"
실 사 구 시

: 사실에 입각하여
진리를 탐구하려는 태도.

조선 후기의 대표 사상인 실학을 살펴볼 차례입니다. 조선 후기는 언제를 가리

킬까요? 주로 17, 18세기를 말하고, 19세기는 '개항기'라고 따로 이름을 붙여 이

야기합니다. 그렇다면 17~18세기를 주도한 사상이 실학이라고 오해할 수 있는

데, 사실 그 시대의 주요 사상은 여전히 성리학이었습니다. 그런데 현대의 시각

에서 볼 때 시대적으로 세련된 학문, 오히려 그 시대에 더 걸맞았다고 생각되는

학문을 묶어서 실학이라고 하는 겁니다. 그리고 실학이 대단한 학문이라고 평

가해주는 겁니다. 사실 실학은 그 시대에는 아주 미미한 수준의 사상이었습니다. 실학파라는 말 자체도 연구자들이 만든 말입니다. 실학의 표어라고 할 수 있는 개념이 바로 '실사구시實事求是'입니다. 실사구시 학풍을 강조했다는 뜻에서 실학이라고 부릅니다.

'실사구시'의 '실사'는 요즘 말로 하면 '사실'입니다. 사실을 통해서, 즉 현실 문제를 가지고 진리를 탐구한다는 뜻입니다. 사실에 근거해 진리를 찾는 학문이라고 할 수 있습니다. 여기서 실학파의 성향이 나옵니다. 이들은 실용적이며 객관적인 성향의 학문을 추구합니다.

또 실학자들의 특징 중 하나는 우리나라의 말과 역사를 연구했다는 점입니다. 이전에는 우리나라 역사보다 중국 역사를 많이 공부했습니다. 성리학에서는 중국 역사의 흐름을 알아야 한다고 생각했습니다. 성리학자들의 사상적 뿌리가 바로 중국이고 주자이기 때문이죠. 그런데 실학자들이 우리 조상의 역사, 우리의 말을 연구하기 시작했습니다. 우리나라의 지리, 물고기, 꽃 등을 연구했습니다. 진정한 '국학國學'이 등장하는 겁니다.

사실 16세기까지만 해도 우리나라 풍경을 화폭에 담지 않았습니다. 그림을 그릴 때도 중국을 흉내 내서 그렸죠. 풍경화도 실제로 가서 보고 그리는 게 아니라 중국의 그림을 보고 상상해서 그렸던 겁니다. 중국 그림 속의 산은 뾰족한 모양이 많습니다. 여행으로 많이 가는 장가계 같은 곳을 보면 이런 모양이죠. 중국은 '청년기 지형'이기에 산 모양이 뾰족합니다. 그런데 우리나라는 '노년기 지형'에 '구릉성 산지'이기에 우리가 볼 때는 높은 것 같지만 하늘에서 보면 많이 깎여서 완만한 모습입니다. 그런데 16세기까지는 우리나라 그림 속 산 모습이 흡사 중국의 장가계 같았던 겁니다. 그래서 진짜 우리의 산을 그리자, 우리의 풍경을 그리자고 해서 우리나라 산을 그리기 시작했습니다. 이게 바로 그 유명한 정선의 '진경산수화'입니다. 산과 물에 대한 진짜 우리나라 경치를 그렸다는 거죠. 드디어 우리 그림이 시작된 겁니다. 이게 17세기의 일입니다. 마찬가지로 실학도 우리 것을 공부하자는 것이었습니다.

정약용의 삼형제는 모두 실학자였습니다. 정약전, 정약종, 정약용, 이렇게 삼형제인데 두 형은 모두 흑산도로 유배를 갔습니다. 정약용은 강진으로 유배를 갔죠. 흑산도에 간 정약전은 우리나라 물고기를 연구해 『자산어보』라는 책을 씁니다. 흑산도에 유명한 물고기가 홍어인데, 이 홍어를 연구해 이 책에 기록했습니다. 그런데 홍어는 바다 바닥에 주로 서식합니다. 특히 수심이 20미터 이상인 곳의 바닥에 사는데 이걸 18, 19세기에 어떻게 연구했을까요? 책에는 연구 방법도 기록되어 있습니다. 유리관을 쓰고 몸에는 바위를 묶어 바닷속으로 들어가서 관찰하다가 유리관 속 공기가 떨어지면 밧줄을 풀고 다시 올라온 거죠. 이걸 수십 번 반복하면서 물고기 연구를 한 겁니다. 정말 대단한 열정입니다. 이 『자산어보』가 우리나라 최초의 물고기 관련 책입니다. 그래서 실학을 국학이라고도 하고 민족적 학문이라고 평가하는 겁니다.

그러면 실학은 어디에서 영향을 받은 학문이라고 해야 할까요? 이들의 사상적 배경은 무엇일까요? 국외적, 국내적으로 나누어볼 수 있습니다. 국외적으로는 청나라 고증학의 영향을 받았다고 이야기합니다. 그런데 이것만이 다는 아닙니다. 우리나라에도 영향을 준 학문이 있었습니다. 16세기 조선 학자인 이황과 이이 가운데 이이가 실학의 냄새를 풍기죠. 상대적으로 기를 강조했잖아요. 그래서 이이가 가지고 있는 '사회경장론'이나 현실주의적 학풍에 영향을 받았다고 이야기합니다.

이이의 후배들 가운데 붕당으로 말하면 남인 계열에서 실학이 시작됩니다. 기호 지방의 남인들이 시작하는데, 이이 후배들의 학파를 '기호학파'라고 합니다. 이황의 후배들은 '영남학파'라고 합니다. 천 원짜리 지폐를 보면 앞에는 이황의 초상이 있고, 뒤에는 도산서원이 그려져 있습니다. 도산서원은 경북 안동에 있습니다. 영남지방이죠. 그래서 '영남학파'입니다. 이황은 이 도산서원에서 후배들을 양성했습니다. 이이는 수도권 지역을 왔다 갔다 했습니다. 이천, 여주, 파주 지역을 다녔습니다. 그러니까 경기도 지방을 이끌던 학자라 '기호학파'라고 합니다. 실학은 기호 지방에 살던 남인들에 의해서 시작되었습니다. 정약용이 대표적인 인물이죠.

그렇다고 이이에게 직접 실학을 배운 것은 아닙니다. 시대로 치면 200여 년 정도 차이가 나죠. 이이의 책을 보면서 실학을 발전시켜나간 겁니다.

"利用厚生"

이　　용　　후　　생

: 풍요로운 경제와 행복한 의식주 생활.

실학자들은 한마디로 사회를 개혁하자는 '사회개혁론'을 주장하는 사람들입니다. 이 개혁은 다시 중농학파와 중상학파로 나뉩니다. 중농학은 농업을, 중상학은 상업을 중시하는 겁니다. 중농학은 18세기 전반기, 중상학은 18세기 후반기의 학문입니다. 그러니까 실학자들은 처음 농업 중심으로 개혁을 하려고 했다가 나중에 상업 중심으로 바뀌는 겁니다. 이 중에서 중상학파를 '북학파'라고도 합니다. 상업을 진흥하려다 보니 상업이 발달한 청나라를 배워야겠다고 해서 북학을 공부합니다. 중농학의 대표 학자가 성호 이익입니다. 그래서 중농학파를 '성호학파'라고도 합니다. 중상학의 대표 학자는 연암 박지원이고 중상학파를 '연암학파'라고도 부릅니다.

이이의 학문에서 실학이 나오고 이후에 실학이 개화파가 됩니다. 개화파의 시작은 '통상개국론'을 주장한 박규수입니다. 바로 연암 박지원의 손자입니다.

할아버지는 18세기의 최고 학자이고, 손자는 19세기 유력 학자입니다. 대단한 집안이죠. 그럼 박지원의 아들이자 박규수의 아버지는 어땠을까요? 그는 고을 원님을 지냈고 부친인 박지원의 책을 편집해서 출간하기도 했다고 합니다.

 연암 박지원(1737~1805)

조선 후기 실학자. 집권 노론 계열의 소장파인 중상주의 북학파의 대표로 여겨지며, 문학가로도 유명하다. 『양반전』, 『열하일기』, 『허생전』, 『호질』 등을 써 양반사회의 위선을 지적하고 당시 유행하던 북벌론에 대해서도 비판을 가한다. 홍대용 등과 교류하고 박제가, 유득공, 이덕무 등의 제자를 키웠다.

중농학파의 표어는 '경세치용經世致用'입니다. 경세는 세상을 경영한다는 말이니 정치를 뜻하는 겁니다. 그래서 정치를 하는 데 있어 '용'에 치중하자는 뜻입니다. '용'은 유용성, 실용성을 의미합니다.

중상학파의 표어는 '이용후생利用厚生'입니다. '이용'은 이롭게 쓴다는 말로, 달리 쓰면 생활을 편리하게 하자는 거죠. '후생'은 삶을 윤택하게 하자는 뜻입니다. 요즘 말로 바꾸면 '이용'은 경제성장의 의미입니다. 하지만 성장만 한다고 좋아지는 것은 아니죠. 중상학파는 나누는 것도 중요하다고 봤습니다. 그래서 '후생'은 요즘 말로 하면 바로 복지의 의미입니다. 먼저 경제를 성장시켜서 나눌 걸 만들고 그걸 잘 나누자는 것이 중상학파의 주장입니다.

그런데 '이용후생'은 중상학파가 만든 말은 아니고 『서경』이라는 책에 나온 말입니다. 『서경』에는 정확하게 '정덕이용후생'이라고 나옵니다. '정덕'은 요즘 말로 인격 완성입니다. 무슨 의미일까요? 실학자들은 기본적으로 성리학을 비판하는 '반성리학'의 입장을 취합니다. 조선은 16세기 말 임진왜란, 17세기 초 병자호란 등 40여 년 이상 전쟁을 겪었습니다. 그 이전에 조선을 다스리던 성리학은 도와 덕이 실현되는 세상, 예의와 윤리가 가득한 세상을 만들자고 떠들었는데, 막상 전쟁이 터지니 임금인 선조는 의주로 도망을 갔다가 명나라로 망명하려고 했죠. 양반들도 다 도망갔습니다. 결국 열심히 싸운 건 백성들이었습니다. 그래서 충무공 이순신이 지금까지도 존경받는 겁니다. 바다에서 열심히 싸워서 일본의 보급로를 막아버렸죠. 홍의장군 곽재우 같은 분들도 스스로 백성들을 모아서 전쟁을 했습니다. 그렇게 해서 겨우 지킨 나라인데, 그 뒤에 다시 성리학자들, 양반들이 돌아왔습니다. 이들이 다시 착한 세상, 예와 도덕이 있는 세상을 외쳤다면 아무리 백성들이 착해도 가만히 있지 않았을 겁니다. 그때쯤 각성한 사람들이 성리학은 그만하자고 했습니다. 먼저 굶어 죽는 백성들을 먹여 살려야 하지 않겠느냐는 거죠. 전쟁이 나지 않도록 막아주어야 하는데 그런 건 모른 척하고 매일 예만 부르짖으니 백성들에게 통하지 않았던 겁니다. 그러면서 등장한 사람이 바로 실학자들입니다.

『서경』에서 '정덕이용후생'은 성인이 해야 할 일을 가리키는 말입니다. 성리학에서는 이 중 '정덕'만 강조했습니다. 그런데 실학자들이 나와서 '이용후생'을 외칩니다. 이용하고 후생해야 정덕할 수 있는 것 아니냐고 이야기합니다. 그러니까 실학자들도 인격의 완성을 포기하지는 않았던 사람들입니다. 성리학이든 실학이든 넓게는 전부 유학입니다. 유학의 본질은 인격의 완성이죠. 실학자들은 공자, 맹자 때부터 이렇게 생각해왔는데, 오히려 성리학, 양명학이 망가뜨리고 있다고 생각합니다. 특히 성리학이 망가뜨리고 있다고 봅니다. 공자는 분배의 형평성이 정치의 시작이라고 강조했던 사람입니다. 맹자는 '무항상 무항심', 즉 먹고살지 못하면 착한 인성, 인격도 바라지 말라고 했습니다. 그러니까 실학은 완벽하게 맹자를 계승하는 겁니다. 먹고사는 게 해결이 되어야 인격을 완성할 수 있다는 거죠. 그러니까 실학의 최종 목표는 '정덕'입니다. '정덕'을 포기하는 순간 유학이 아니죠. '정덕'으로 가기 위한 수단이 '이용후생'입니다. 이게 실학의 사고방식이자 성리학과의 관계입니다.

"自主之權"

자 주 지 권

: 인간 스스로가 선악의 행위를
 선택할 수 있음.

실학도 유학에 바탕을 둔 철학이기 때문에 '리기'에 대한 이야기도 하고 인성과 관련된 주장도 펼칩니다. 대표적 인성론은 바로 실학의 막내 격인 다산 정약용의 인성론입니다. 다산의 인성론의 이름은 '성기호설性嗜好說'입니다. 지금까지 '성'과 관련해서 성즉리설, 성선설, 성악설, 성무성악설 등을 살펴봤습니다. 그리고 이제 성에 대한 새로운 설이 나옵니다. 다산은 '성'이 '기호'라고 합니다. '기호'라는 말은 요즘에도 많이 쓰죠. 좋아하는 성향, 취향 같은 것을 기호라고 합니다. 그러면서 다산은 사슴이 숲을 좋아하고 물고기가 물을 좋아하는 것처럼 모든 종류의 동물, 식물들은 나름의 좋아하는 것이 있다고 이야기합니다. 그게 바로 그들의 본성이라는 거죠.

성은 별것이 아니라 뭔가를 좋아하는 성향이라고 합니다. 그러면 사람은 뭘 좋아하나요? 사람은 선함을 좋아하는 성향이 있다고 다산은 이야기합니다.

그게 인간의 본성이라는 거죠. 그래서 정확하게 쓰면 '성영지기호설'입니다. 다산은 우리의 마음에 선천적으로 '영지기호靈知嗜好'라는 것이 있다고 합니다. '형구기호形軀嗜好'라는 것도 있다고 합니다. 또 '4단'도 있고 '자주지권'도 있습니다. 또한 여러 가지 욕망이 있는데 욕망에는 선욕과 악욕이 있답니다. 이런 것들이 우리가 선천적으로 갖고 있는 것들인데, 이 중에서 '성'이라고 할 수 있는 것은 '영지기호'입니다. 선을 좋아하는 것이 우리의 본성이라는 겁니다. '선'도 있지만 그 자체가 우리의 본성은 아니라고 생각합니다. 맹자는 '4단'과 '4덕'이 우리의 본성이라고 했습니다. 성리학도 '4덕'이 우리의 본성이라고 생각하죠. 다산은 아니라는 겁니다. 선함을 좋아하는 성향이 본성이라고 합니다.

조금 더 자세히 설명하면, 다산은 우리의 본성인 '영지기호'가 하늘에서 왔다고 설명합니다. 그러니까 기본적으로는 유학인 거죠. 다만 다산의 하늘은 의미가 조금 강합니다. 거의 옥황상제, 하느님 같은 느낌입니다. 그래서 다산은 하늘을 '상제천上帝天'이라고 부릅니다. 다산 정약용의 두 형은 모두 천주교도라는 이유로 귀양살이를 하게 되었습니다. 그런데 정약용은 자신은 천주교도가 아니라고 부인했죠. 일각에서는 정약용을 매우 총애했던 정조가 승하하기 직전 정약용에게 유언을 남겼던 것이라고도 합니다. "조선에 너 같은 인재가 필요한데, 천주교도가 아니라고 하면 안 되겠느냐?"라고 부탁했을 거라 추측하는 거죠. 어쨌든 천주교 집안에서 자란 다산이니 그가 주장하는 '상제천'도 천주교와 맞닿아 있는 거라고 비판하는 사람도 있습니다. 어쨌든 다산은 우리에게 하늘이 주신 선을 좋아하는 기호가 있다고 이야기합니다.

그와 함께 우리의 마음에는 '형구기호'가 있습니다. '영지기호'는 신령스러운 지혜와 같은 기호라는 뜻입니다. 좋은 의미죠. '형구'는 다른 말로 '육체'를 말합니다. 즉 '형구기호'는 일종의 감각적 기호입니다. 추운 것보다 따뜻한 걸 좋아하고 더운 것보다 시원한 걸 좋아하는 이런 것들이 '형구기호'입니다. 이건 다른 동물들도 다 가지고 있죠. 그런데 문제는 '형구기호'를 추구하다 보면 악해질 가능성이 있다는 겁니다. 이 자체가 악은 아닙니다. 날이 추워서 오리털 파카를 입으면 그게 악한 건 아니죠. 다만 정말 추운데 누가 오리털 파카를 입고 있으면 그걸 빼앗아 입고 싶은 마음이 생길 수 있는데 그러면 악해질 수도 있습니다.

그래서 다산은 이 두 개의 기호 때문에 항상 힘들다고 이야기합니다. 두 기호가 충돌할 수 있기 때문에 그렇습니다. 그러니 '영지기호'와 '형구기호' 중 어떤 걸 택하느냐가 문제인데, 다산은 인간에게는 '자주지권自主之權'이 있기 때문에 결정하는 건 나 자신이라고 이야기합니다. '자주지권'은 스스로 결정하는 권리인데 현대 철학으로는 자유의지를 말하는 겁니다. 천사를 따를지 악마를 따를지에 대한 선택권이 나에게 있다는 겁니다.

이건 매우 중요한 의미입니다. 만약 나의 자유의지가 '영지기호'를 따라가서 선해졌다면 누가 칭찬받을 일입니까? 내가 칭찬받을 일이죠. 반대로 내 자주지권이 '형구기호'를 따라가 악해지면 누가 혼날 일입니까? 그것도 역시 나죠. 내가 선택한 것이니까요. 결국 선택권은 책임을 동반하는 겁니다. 다산의 주장은 나의 자율성의 문제를 제기하는 겁니다. 본성이 원래 선하냐 악하냐가 문제가 아니라, 본성은 원래 뭔가를 좋아하는 성향인데 어떤 걸 선택하느냐가 문제라는 겁니다. 중요한 건 우리가 선택해서 얼마나 잘 실천하느냐인 겁니다.

이것을 철학에서는 자율성과 책임을 강조하는 '근대적 인간관'이라고 합니다. 서양에서는 칸트의 철학이 이런 내용을 담고 있습니다. 시대도 비슷한데 다산이 조금 후배입니다. 혹자는 다산이 칸트를 모방했다고 하는데 그건 가능성이 없고, 거의 동시대에 유럽과 한국에서 자율성을 강조하는 인간관이 나온 겁니다. 만약 다산이 유럽에서 태어났더라면 칸트와 같은 급의 철학자가 되었을 겁니다. 다산은 세계적으로 인정받아야 할 학자입니다. 한국에서 근대 자율적 인간관, 책임지는 인간을 강조했던 인물입니다.

두 번째로, '영지기호'와 '형구기호'가 나타나고 그때 '자주지권'에 의해서 인간이 스스로 선택을 한다고 하는데, 그러면 이 '영지기호'와 '형구기호'는 언제 나타날까요? 다산은 인간에게 욕망이 있다고 했습니다. 무언가를 하고자 하는 욕망이 나타나면 그때 두 개의 기호가 나타나서 어디로 갈지 고민을 하고, 자주지권에 따라 결정을 하는 겁니다. 그러니까 욕망이 없으면 기호들이 움직이지 않는 거죠. 다산은 욕망을 나쁘게 보지 않습니다. 욕망에는 선한 욕망도 있고 악한 욕망도 있다는 겁니다. 어렵게 말하면 도의를 위한 욕망과 인욕을 위한 욕망이 있다고 합니다.

다산은 선천적으로 우리 마음에 영지기호, 형구기호, 자주지권, 욕망 그리고 4단이 있다고 했습니다. 성리학에서 그렇게 강조하는 '4단'에 대해서 다산은 어떻게 설명했을까요? '단端'은 끝, 단서라는 뜻입니다. 이 '단'을 주자는 '서緖'라고 해석합니다. 실마리라는 뜻입니다. '4단'은 실마리, 단서라고 해석하는 거죠. 뭔가가 있었음을 증명하는 실마리입니다. 주자는 우리의 마음에 먼저 '4덕'이 있다고 했습니다. 그런데 우리는 이게 있는지 없는지 알 수가 없습니다. 하지만

우리도 모르게 '4덕'에 의해서 튀어나오는 마음이 있습니다. 그게 바로 '4단'입니다. 그래서 성리학에서 '4덕'을 성, '4단'을 정이라고 했습니다. 우리가 '4덕'이 있는지 없는지 궁금한데 '4단'이 튀어나왔다면 안에 '4덕'이 있었다고 추측할 수 있는 거죠. 그러니까 '4단'은 '4덕'이 있었음을 알 수 있는 단서라는 겁니다. 결국 주자는 '4덕'이 먼저라고 이야기합니다. 맹자는 이 구분을 애매하게 했는데, 주자가 나중에 정리한 겁니다.

　그런데 다산은 주자가 틀렸다고 주장합니다. 아마 이황과 이이는 화가 났을 거예요. 이황과 이이도 기본적으로 성리학자, 주자처럼 생각하죠. 다산은 '단'은 '시始'라고 해석합니다. '단'이 시작점이라는 겁니다. 일종의 씨앗이라고 생각하는 거죠. 우리의 마음에 '4단'이라고 하는 4개의 씨앗이 먼저 있는 겁니다. 그런데 자주지권에 의해 영지기호를 선택해서 착한 일을 열심히 하다 보면 우리도 모르게 우리 마음에 '4덕'이 완성된다고 생각했습니다. 그래서 다산은 '4단'이 먼저라고 주장했습니다.

성리학의 '4덕'은 선천적인 데 반해, 다산의 '4덕'은 후천적입니다. 노력하면 얻어지는 것입니다. 그래서 인간의 노력과 과정을 중시합니다. 다산은 인간은 태어날 때부터 착한 게 아니라, 다만 착한 씨앗을 갖고 있어서 열심히 노력해서 착해지고자 하는 것이라고 주장합니다. 인간은 착해서 예쁜 게 아니라 착해지려고 하는 모습이 예쁜 것이랍니다. 과정과 노력을 중시하는 사람이 바로 다산입니다.

"血氣"
혈 기

: 피의 기운이라는 뜻으로
힘을 쓰고 활동하게 하는 원기.

지금부터는 실학의 인간관에 대해서 보겠습니다. 마찬가지로 다산의 인간관이라고 할 수 있습니다. 다산은 실학을 정리한 사람이죠. 실학에서는 우주가 무엇으로 만들어졌을까, 라는 물음에 당연히 '기'라는 것으로 설명합니다. 그러면 인간은 어떨까요? 성리학이나 유학은 기본적으로 '기'로 만들어졌다고 말합니다. 그런데 실학은 특이하게 '혈기血氣'로 만들어졌다고 이야기합니다. 우리도 많이 쓰는 말입니다. "젊은 사람이 왜 이렇게 기가 빠져서 그래. 혈기가 왕성해야지."

'혈기'는 간단하게 말하면 사람이 가진 역동적인 생명성입니다. 그러니까 우주의 다른 것들에 비해서 인간만 구성요소가 다르다는 겁니다. 그래서 인간을 혈기적 존재로서 설명합니다. 인간은 구성요소가 다르기 때문에 자연으로부터 독립되어 있고, 일종의 독립 성향으로 인간을 바라봅니다.

두 번째로 실학은 인간의 욕구와 욕망을 보는 시각이 다릅니다. 성리학이나 양명학에서는 인간의 욕망을 부정적인 것으로 간주합니다. 인욕, 사욕이라고 해서 나쁘게 보고 없애자고 합니다. 하지만 앞에서 살펴봤듯이 다산은 욕망에는 좋은 것도 있고 나쁜 것도 있다고 합니다. 그리고 욕망이 좋든 나쁘든 그게 없으면 인간은 행동을 할 수 없다고 생각합니다. 인간이 하는 모든 행동은 욕망이 생기면서 발동되는 것입니다. 그래서 인간의 욕망을 무조건 나쁘게 보는 것은 안 된다고 생각합니다. 나쁜 욕망이라도 있어야 인간이 행동하게 된다는 겁니다. 그래서 실학에서는 인간의 욕망, 욕구를 긍정합니다. 이런 차원에서 인간을 현실적 존재로 본다고 이야기합니다.

세 번째로 인간은 자신의 행동에 대해 책임을 져야 한다고 생각합니다. 그렇게 책임을 지고 스스로를 규율하는 자율적 존재로서 인간을 설명합니다.

마지막으로 우리나라의 19세기 사상을 살펴보도록 하겠습니다. 19세기를 가리키는 말로 조선 후기, 말기보다 '개항기'라고 용어를 많이 씁니다. 개항기의 사상을 공부하기에 앞서 간단한 그래프를 보면서 당시 국내외 상황을 파악해보겠습니다.

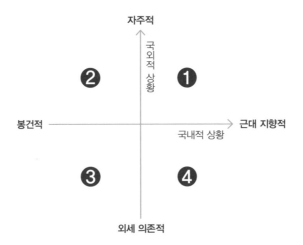

그래프의 가로축은 국내적 상황입니다. 왼쪽에서 오른쪽으로 가는 것이 역사의 진행 방향입니다. 오른쪽으로 갈수록 근대 지향적이라고 말할 수 있고, 반대로 왼쪽으로 가면 봉건적이고 보수적이라고 할 수 있습니다.

세로축은 국외적인 상황입니다. 화살표가 위쪽으로 갈수록 자주적이라고 볼 수 있습니다. 우리는 19세기를 개항기라고 하는데, 세계사에서는 '서세동점기'라고 부릅니다. 서양 세력이 동양을 점령해오는 시기라는 뜻입니다. 특히 이 시기의 서양 세력을 '제국주의'라고 부릅니다. 이 제국주의의 목적은 식민지를 건설하는 것이었습니다. 이런 목적을 가진 세력이 몰려오는 상황에서 우리가 자주적으로 맞설 것이냐, 아니면 그 세력들 중 하나에 의지해 사는 외세 의존적 태도를 취할 것이냐를 두고 우리끼리 논쟁이 붙었습니다.

이 4개의 사분면 가운데 가장 바람직한 사분면은 몇 번일까요? 1번입니다. 이들은 국외적으로는 자주적이면서 국내적으로는 근대성을 가지려고 노력했습니다. 이들이 바로 동학입니다.

4번의 성향은 친일파, 친미파 등입니다. 근대를 지향했다는 점은 인정해줄 만합니다. 그러나 외세, 특히 대부분 일본에 의존하는 바람에 결국 우리가 일본의 식민지가 됐습니다. 4번 성향의 대표가 개화파입니다. 개화파의 치명적인 단점이 바로 외세 의존적이라는 겁니다. 김옥균, 서광범, 서재필 등이 모두 친일파, 친미파였습니다. 그래서 일본과 미국을 끌어들였는데, 정작 두 나라는 '가쓰라·테프트 밀약'을 맺고 일본은 조선을, 미국은 필리핀을 점령하는 것으로 자기들끼리 약속해버렸습니다. 일본은 조선을 점령할 때 러시아나 청나라가 관

여할 것에 대비해서 "미국 너희들이 그때 같이 지켜줘"라고 했고, 이에 대해 미국은 "필리핀은 우리가 가질 테니 일본 너희가 편들어줘"라고 하며 두 나라가 약속한 겁니다. 그래서 이후 일본이 노골적으로 조선에 들어오게 됩니다.

그런데 미국과 일본은 여전히 우리나라의 우방이라고 이야기합니다. 이런 점에서 볼 때 결국 우리가 150년 동안 놀아나고 있다는 느낌이 듭니다. 우리의 일을 우리가 결정하지 못하는 것이죠. 일본과 미국이 우리를 두고 나누는 걸 눈뜨고 보고만 있었고, 그다음 중국과 미국이 한반도를 반으로 나누는 걸 보고만 있었습니다. 결국 150년 동안 우리가 자주적으로 결정한 건 없는 셈입니다.

아직도 미국 국무장관이 중국에 한반도 통일 문제를 의논하러 갑니다. 그걸 보면서 제 머리가 복잡해졌습니다. 미국 국무장관이 중국에 가서 논의하는 여러 가지 가운데 한반도 통일 문제가 노골적으로 등장합니다. 이건 북한이 얼마 남지 않았다는 거죠. 통일이 얼마 안 남은 것 같습니다. 저는 짧으면 10년, 길면 20년으로 봅니다. 그런데 가슴 아픈 건 예나 지금이나 상황이 똑같다는 겁니다. 옛날에는 미국이 일본에 가서 어떻게 나눌지 논의했는데, 지금은 중국에 가서 논의하고 있는 거죠. 여전히 우리는 제외된 채로 말입니다. '가쓰라·태프트 밀약' 같은 것이 또 있을 겁니다. 100여 년 뒤 학생들이 그것에 대해 배우면서 그때 선조들이 잘못해서 그랬구나 하고 우리를 평가할 겁니다. 우리나라 일인데 별생각 없이 외세에 의존했다며 우리를 비난할 수도 있습니다.

다시 그래프로 돌아가봅시다. 2번 영역의 사람들도 있습니다. 자주적이었던 것은 좋은데 반외세적이고 옛 관습을 유지하려던 사람들이었습니다. 바로 위정척사파입니다. 3번 영역에 해당되는 부류는 없겠죠. 외세에 의존하면서 옛 날 체제를 지키자는 것은 말이 되지 않습니다. 몇몇 귀족들은 그랬을지 몰라도 이걸 좋아하는 세력이 있을 수는 없었겠죠.

"人乃天"
인   내   천

: 사람이 곧 하느님이며
  만물이 모두 하느님이다.

 동학농민운동(갑오농민전쟁)

1894년 동학의 지도자들과 농민들을 중심으로 일어난 무장 봉기. 사회 혼란과 관리들의 부패로 고통받던 농민들은 고부군수 조병갑의 횡포를 계기로 농기구를 들고 무장봉기했다. 이에 새로 파견된 관리가 고부군 농민들과 협상을 하면서 봉기가 마무리되는 듯했으나, 이후 정부에서 파견된 관리가 농민군의 잘못을 추궁하자 전봉준은 다른 지역의 동학 지도자들을 모아 더 큰 규모의 농민 봉기를 일으켰다.

각 지역의 동학 지도자들을 중심으로 수많은 농민이 가세하면서 농민군은 정부군을 수적으로 압도했고, 결국 삼남지방(지금의 경상도, 전라도, 충청도)을 장악하기에 이르렀다. 이에 위기를 느낀 조정은 '집강소'를 설치하고 농민들이 자치를 하도록 해 시간을 버는 동안 청나라 군대에 도움을 요청했다.

하지만 이때 농민 반란군 진압의 명목으로 조선에 들어온 일본군이 동학 농민군을 학살함과 동시에 청나라 군대를 공격했다. 이에 동학 농민군은 일본군을 몰아낼 목적으로 다시 봉기했고, 충남 공주의 우금치에서 일본군과 대규모 전투를 벌였으나 최신 무기로 무장한 일본군에게 완패하며 동학농민운동은 막을 내리게 되었다.

동학농민운동은 반외세 운동, 일본에 대한 자주 독립운동의 성격을 띤다. 자치 활동을 통해 봉건적인 규율 등을 없애고 노비 문서를 소각하자는 등의 개혁적인 주장은 이후 갑오개혁에 영향을 끼쳤다. 또한 봉건 사회의 붕괴를 촉진하여 조선이 근대 사회로 진입하는 데 결정적인 역할을 했다고 평가받는다.

알고 갑시다 최제우(1824~1864)

최제우는 젊은 시절 10년 이상의 유랑생활을 통해 유, 불, 도는 물론 서학과 무속 신앙 등 다양한 사상을 경험했다. 이후 고향인 월성에 정착하여 살던 중 하느님과 문답을 하는 기이한 경험을 바탕으로 동학을 창시했다. 동학은 서학(천주교)에 대항하여 전통적 경천사상과 유, 불, 도의 내용을 종합한 우리 민족 고유의 신앙이라고 할 수 있다. 동학의 '인내천' 사상은 결국 인본주의를 강조하는 것이며, 동학의 인간 중심적 사상은 농민을 중심으로 퍼져나갔다. 최제우는 동학을 창시하고 3년도 되지 않아 '삿된 도로 정도를 어지럽혔다'는 죄목으로 체포되어 1864년 효수당했다. 저서로는 『동경대전』, 『용담유사』가 있다.

　　개항기 사상 가운데 먼저 살펴볼 것은 동학東學입니다. 동학은 서학에 반대되는 말입니다. 서학은 서양 학문이 아니라 천주교를 뜻하는 말입니다. 천주교를 서양의 학문이라는 의미로, 즉 학문적으로 수용을 했고, 학문이기 때문에 연구하려고 했습니다. 주로 실학자들이 서학을 공부했죠. 그러다 나중에 종교인 걸 알고 믿게 된 겁니다. 이 서학에 맞서서 나타난 것이 동학입니다. 동학에서 '동'의 의미는 뭘까요? 동학을 만든 사람은 최제우입니다. 최제우가 이렇게 이야기했습니다. "서양 사람들은 서양에서 태어났으니까 서학을 할 것이고, 공자는 중국에서 태어났으니까 중국의 학문을 하는 거다. 나는 동에서 태어났으므로 이곳의 학문을 할 것이다." 그러니까 '동'은 우리나라를 뜻하는 겁니다. 우리나라를 '해동성국'이라고 하잖아요. 물론 이 말도 중국 기준이지만 이것이 동학의 '동'의 의미입니다. 이름에서부터 민족적 주체성을 나타내고 있습니다. 그래서 동학이 학문으로 시작했다가 종교로 발전하게 된 겁니다.

학문으로서의 동학은 전통적 경천사상敬天思想을 기반으로 유불도의 사상이 합쳐져 있다고 평가합니다. 여기서 우리가 주목할 것은 '전통적'이라는 말입니다. 유불도가 전통적이라고 할 수 있을까요? '전통적'이란 말은 '민족 고유의'라는 뜻입니다. 유불도는 모두 수입해온 것으로 원래 우리 것이 아니었습니다. 원래 우리 것이라고 할 수 있는 유일한 사상은 '경천사상', 즉 하늘을 공경하는 사상입니다. 할머니, 할아버지들이 정화수 떠놓고 하늘에 비는 대상은 대개 삼신할머니나 산신령입니다. 그런데 그보다 높은, 모든 걸 주재하는 신이 있겠죠. 그 신을 '하느님'이라고 했습니다. 그 개념을 그대로 수용해서 만든 학문이 동학입니다.

동학의 기본 사상은 '시천주사상侍天主思想'입니다. '시'는 모신다는 뜻이니 '시천주사상'은 천주, 즉 하느님을 모신다는 말입니다. 어원을 살펴보자면 '한울림'이 '하늘님'이 되었고, 그 말이 다시 '하느님'으로 된 것입니다. 이 하느님을 모시자는 사상입니다.

그리고 유학의 영향도 있었습니다. 최제우, 최시형, 손병희가 동학의 1대, 2대, 3대 교주인데, 이들이 모두 양반이자 유학자들이었습니다. 불교에서 말하는 자비 정신, 도가의 무위자연 사상 등이 합쳐지면서 동학은 유불도가 종합되어 있다고 이야기합니다. 어떤 게 유불도인가를 따지기보다는 동학의 기본적인 사고방식에 이것들이 다 포함되어 있다고 알아두면 되겠습니다.

국사에서 말하는 동학은 1894년 갑오농민운동에 영향을 끼칩니다. 갑오농민운동은 고부군수 조병갑의 횡포에 농민들이 전봉준을 중심으로 들고일어나면서 시작됐죠. 당시 전봉준의 아버지도 조병갑의 횡포에 의해 죽었습니다. 보은, 삼례 등지에서 종교 집회를 하며 동학을 믿고 있던 사람들이 이 일을 계기로 정치적인 목적으로 모이게 된 겁니다. 당시 관군은 총을 갖고 있었지만 농민들에게는 변변한 무기가 없어 죽창을 들고 싸웠는데 농민들이 이겼습니다. 인원이 워낙 많아서 수적으로 밀어붙인 거죠. 더군다나 당시 관군이 갖고 있던 총은 한 발 쏘고 나면 다음 발을 장전할 때까지 시간이 걸렸습니다. 그래서 농민군이 삼남 지방, 지금의 경상도, 전라도, 충청도 지역까지 장악하게 되었습니다.

갑오개혁(1894년 7월~1895년 8월)

1894년 7월부터 1895년 8월까지 조선 정부의 주도로 시행된 제도 개혁 운동. 1차와 2차 두 차례에 걸쳐 이루어졌으며, 이후 을미개혁(3차 갑오개혁이라고도 한다)으로 이어졌다. 갑오개혁과 을미개혁을 합하여 갑을개혁이라고도 한다.

정치, 경제, 사회, 군사 등 전 부문에 걸쳐 서구 근대 국가식 개혁이 이루어졌는데, 1차 개혁에서는 연좌제가 폐지되고, 노비 매매 행위 금지, 인재 등용에서 문벌과 신분 타파 등 공식적으로 신분제가 폐지되었다. 2차 개혁에서는 내각의 대대적 개편과 함께 군대 개편이 이루어졌으며, 을미개혁에서 태양력 사용과 단발령, 근대 학교 설치 등 근대 사회의 모습을 갖추기 위한 제도가 시행되었다.

갑오개혁을 통해 조선은 근대 국가의 모습을 갖출 수 있게 되었으나, 일본의 강요에 의한 개혁 내용이 많았으며, 따라서 대부분의 개혁 내용이 일본의 메이지 유신을 모델로 했다. 이는 조선을 일본과 같은 체제로 만들어 내정 간섭을 쉽게 하려던 일본의 욕심이 반영된 결과이다. 따라서 개혁의 결과는 긍정적으로 보되, 일본의 의도에 대해서는 다시 한 번 생각해봐야 한다.

이 운동이 성공했으면 1789년 프랑스 대혁명에 버금가는 일이 될 수 있었겠죠. 그러나 성공하지 못했습니다. 농민군은 정부와의 협상을 위해 전주에 모여서 개정개혁안 12개조를 내놨습니다. 이걸 시행하면 해산하고 그러지 않으면 한양으로 밀고 올라가겠다고 했죠. 결정을 하는 동안 자율 민간 기구를 만들어서 실제로 삼남 지방에서 정치를 했습니다. 나라 하나가 생긴 겁니다. 그 기관이 '집강소'입니다. 그리고 이때 동학 농민군에게 받은 12개조 내용을 갖고 정부가 시행한 것이 바로 '갑오개혁'입니다. 물론 다 받아들여지지는 않았습니다. 내용 중에 탐관오리를 숙청하고 노비 문서를 소각하라는 부분이 있는데, 실제로 노비 문서를 다 소각해서 동학에 의해 우리나라에 천민, 노비가 사라지게 됩니다. 농민들의 요구 중에는 청상과부의 재가를 허용하라는 조항도 있었습니다. 촌스럽지만 소박한 농민들의 발언인데, 이게 최초의 남녀평등 조항입니다. 이전까지 남자는 재혼을 할 수 있었지만, 여자는 일부종사라고 해서 재혼을 할 수 없었습니다. 열여섯에 시집을 왔는데 남편이 바로 죽으면 그 여자는 평생 혼자 살아야 했던 거죠. 민중들은 이것이 말도 안 된다고 생각했던 겁니다.

이렇게 갑오개혁이 이루어지고 농민군이 해산했습니다. 그런데 이때를 틈타 청나라와 일본 군대가 들어왔습니다. 그래서 동학군이 2차로 봉기했는데, 일본군과 싸워서 지고 말았습니다. 일본은 당시 최신식 군대를 갖추고 있었으니 이길 수가 없었습니다. 승리한 일본군이 이후에도 머물면서 결국 우리나라를 식민지화하게 된 겁니다. 여담인데, 당시 그 일본군이 용산에 있었습니다. 요즈음에는 용산에 미군이 있죠. 우리나라에 들어온 외국 부대는 모두 용산에 있었습니다. 그 이유는 한강이 가깝고 궁궐도 가까운 딱 중간의 위치이기 때문입니다.

동학농민운동은 이렇게 전개되었고, 지금 우리가 봐야 할 것은 동학의 사상입니다. 동학에 대해서는 꼭 한 번 관련 서적을 보실 필요가 있습니다. 아시아에서 이런 사건이 없었습니다. 인도의 세포이 항쟁이나 중국의 양무운동, 변법자강운동 등이 있었지만, 동학은 그보다 훨씬 더 강했고 혁명을 일으킬 수 있을 정도의 세력과 과정을 갖추었습니다. 만약 동학운동이 성공했다면 우리나라가 아시아를 주도하는 근대 민주화 국가로 발전할 수 있었을 겁니다. 결국 우리 민족 스스로 발전할 수 있는 큰 기회를 막은 것이라고 볼 수 있습니다.

동학의 두 번째 사상은 '인내천人乃天'입니다. 인간이 곧 하늘이라는 겁니다. 손병희의 사상인데, 이건 실로 엄청난 사상입니다. 동양과 한국의 사상에서 하늘은 가장 높은 가치였습니다. 하늘보다 높은 건 없고 최고 중의 최고가 하늘입니다. 그런데 동학에서는 인간이 하늘이라고 결론을 내린 겁니다. 어느 것도 인간보다 더 높을 수가 없다는 말입니다. 휴머니즘의 극한이라고 볼 수 있죠. '인내천'은 인간 존중 사상입니다. 모든 인간은 존중받아야 하는 존재라는 겁니다.

또한 '오심즉여심吾心卽汝心'이 있습니다. '내 마음이 곧 네 마음'이라는 겁니다. '심'을 빼면 '오즉여', 나와 네가 똑같다는 말입니다. 바로 인간 평등의 뜻이 담겨 있습니다. 동학의 1대 교주인 최제우는 몰락한 양반 집안의 자식이었습니다. 장사도 하며 이곳저곳 떠돌아다니다가 세상의 진리를 깨달아야겠다고 마음먹고 공부를 더 하기로 했습니다. 그래서 아내와 자식이 있는데도 3, 4년 정도 집을 떠나 산속에서 혼자 수련했습니다. 그러다가 한울님의 말씀을 듣게 되는데, 이때 한울님이 하신 말씀이 '오심즉여심'입니다. 그리고 나서 최제우가 다시 집으로 돌아왔습니다. 집에 10대 하녀와 40대 하녀가 있었는데, 몇 년 만에 주인이 돌아오니 반갑고 놀라서 달려왔을 겁니다. 그때 최제우가 그 두 하녀를 두고 절을 했다고 합니다. 하녀들도 놀랐겠죠. 그런데 최제우가 두 사람에게 그전까지는 모르다가 이제 깨달았는데 그동안 진짜 미안했다고 이야기하는 겁니다. 모든 인간은 평등하고 존중받아야 하는데 그동안 두 사람을 하인으로 부렸던 게 너무 미안하고 씻을 수 없는 잘못을 했다고 말하며, 용서를 받기 위해 평생 자신이 모시고 살겠다고 했습니다. 그래서 10대 하녀는 수양딸로 삼고 40대 하녀는 여동생으로 삼아서 가족으로 받아들였습니다. 이렇듯 최제우는 인간 존중과 인간 평등을 깨닫고 실천한 사람입니다.

최제우가 말하는 인간 평등은 단순한 평등만을 의미하는 것이 아닙니다. 내가 곧 너라는 건 내 나라도 곧 네 나라라는 생각과도 같습니다. 그래서 사해평등주의가 나옵니다. 사해평등주의는 일종의 국제평등주의입니다. 묵자의 '겸애설'의 논리와 비슷합니다. 인류애주의입니다.

동학의 인간 존중, 인간 평등, 인류애 사상은 단지 주장에서 끝난 것이 아니었고, 그들은 실제로 농민운동을 통한 개혁과 실천으로 자신들의 주장을 사회에 반영하기 위해 노력했습니다.

"倭洋一體論"
왜 양 일 체 론

: 일본과 서양은 한 무리이므로 서양은 물론
  일본에게도 문호를 개방해서는 안 된다.

개항기를 대표하는 두 번째 사상은 위정척사파衛正斥邪派의 사상입니다. 이들의 사상은 이름만 정확하게 파악해도 알 수 있습니다. '정'이 있고, '사'가 있습니다. 바람직한 것과 사악한 것을 뜻합니다. 즉 바람직한 것을 지키고 사악한 것을 배척하자는 뜻입니다. 그렇다면 올바른 것은 무엇이고 사악한 것은 무엇일까요?

위정척사파는 주로 이황의 '리존설'을 계승한 성리학자들입니다. 그래서 성리학의 의리 정신, 대의명분론 등을 추종합니다. 성리학을 계승한 사람들이 옳은 것이라고 생각하고 지키고자 했던 것은 바로 성리학이고, 넓게 말하면 유학입니다. 성리학적 위계질서, 신분질서가 좋다고 생각한 사람들입니다. 성리학 학문과 그 사회를 지키자는 거죠.

그러면 사악한 건 뭘까요? 이들이 생각하는 조선은 성리학적 질서가 존중

되는 올바른 사회인데, 그걸 흔드는 것을 사악한 것으로 봤습니다. 바로 서양의 문물입니다. 서양의 제도, 문명, 철학, 모든 것들이 사악한 거죠. 그래서 위정척사파는 서양을 배척하고 성리학을 지키자는 주장을 펼칩니다. 이황이 리와 기 중에서 리만 강조했던 것처럼 이들은 성리학만 좋다고 주장합니다. 위아래의 개념에서 서양 문물은 아래로 보는 거죠.

이렇게 주장하기 때문에 위정척사파는 보수적이고 봉건적이고 권위적이라고 여겨집니다. 갑갑한 사람들로 비추어지는 거죠. 위정척사파의 대표로 이항로, 기정진, 최익현, 김평묵 등이 있는데, 하지만 이들은 꼭 그렇게만 볼 수는 없는 인물들입니다.

위정척사파는 '척화주전론斥和主戰論'을 주장했습니다. 화해를 배척하고 전쟁을 주장하는 겁니다. 그래서 흥선대원군과의 관계가 좋았습니다. 당시의 실세들이었죠. 그래서 전국에 척화비도 세웠습니다. 그런데 흥선대원군과 위정척사파가 온전히 갑갑한 사람들은 아닙니다. 흥선대원군도 초기에는 개화에 찬성했습니다. 그래야 일본이나 미국을 밀어낼 수 있을 것이라고 생각해서 개화를 추진했습니다. 그런데 두 번의 일을 겪으면서 개화를 포기했습니다.

당시 우리나라의 배는 전부 나무로 만든 목선이었습니다. 그런데 프랑스나 미국의 배는 이미 철선이었습니다. 그러니 부딪치면 게임이 안 되는 거죠. 그래서 우리도 철선을 만들기 위해 노력했습니다. 프랑스에 밀사를 보내서 프랑스하고만 교역을 할 테니 철선 기술을 가르쳐달라고 했는데, 프랑스가 거절했습니다. 그래서 우리 스스로 만들어보기로 하고 실제로 강화도에 조선소를 건설하고 배를 만들었습니다. 그 배를 한강에 진수했는데 그만 가라앉아버렸습니다.

두 번째 사건은 조총입니다. 원래 우리는 화살을 막기 위해 갑옷을 입었습니다. 화살이 틈을 정확히 비집고 들어오면 어쩔 수 없지만 비스듬히 맞으면 갑옷을 뚫지 못하고 튕겨나갑니다. 그런데 조총은 이 갑옷을 그냥 뚫어버리는 겁니다. 그래서 총탄을 막을 수 있는 갑옷을 만들라고 명령했습니다. 일종의 방탄복이죠. 그래서 실제로 갑옷을 만들었는데, 문제는 이것을 입고 걸어 다닐 수가 없는 겁니다. 비단과 솜을 8겹으로 겹쳐서 만들었으니 말하자면 솜 속에 들어가 있는 겁니다. 부피가 크니까 걸을 수가 없었고 전쟁을 할 수가 없습니다. 그래서 우선은 서양의 세력과 문물을 막고 버텨내면서 실력을 키워야겠다고 생각했습니다. 지금 문호를 개방하면 다 죽고 말 것이라는 생각에 흥선대원군의 마음이 바뀌어버린 겁니다. 그래서 외세에 먹히느니 죽을 각오로 전쟁을 치르자고 했습니다. 먹히면 우리의 정신이 완전히 썩어버려 후손들이 서양 사람들처럼 퇴폐와 향락에 빠질 거라고 생각했습니다. 그렇게 되느니 장렬하게 싸우고 죽는 걸 택하겠다는 겁니다.

상황이 이러했으니 위정척사파를 그저 답답하고 고지식한 사람들로만 보기에는 무리가 있습니다. 나름 시대를 고민했고 후손들까지 걱정했던 사람들입니다. 그래서 척화주전론을 주장했는데, 이게 안 되자 개항, 개화 불가론을 주장했습니다. 그런데 결국 개항, 개화가 이루어지자 '왜양일체론倭洋一體論'도 주장했습니다. 일본도 서양과 똑같이 무서운 놈들이니 조심하라는 겁니다. 하지만 이것도 지키지 못하고 일본과 강화도 조약을 맺습니다. 일본은 서양과는 조금 다르겠지 싶어서 강화도 조약을 맺었으나 결국 일본에게 나라를 빼앗겼죠. 그

때는 일본의 본모습을 몰랐던 겁니다. 위정척사파만이 조심하라고 경계했던 것이죠.

이렇게 흘러가다가 '을미사변'이 일어납니다. 명성황후가 일본군에 의해 시해되는 사건이 벌어진 겁니다. 이 사건으로 크게 분노한 위정척사파는 이제부터 전쟁이라며 항일 의병운동을 시작합니다. 최익현이 우리나라 유생 의병의 상징적인 인물이 됩니다. 이 당시 을미의병, 을사의병, 정미의병 등 크게 세 번의 의병운동이 일어납니다. 하지만 최익현도 실질적으로는 한계가 있었습니다. 의병활동을 하면서 일본과 전쟁을 하다 보니 싸움의 상대가 일본군이 아니라 그들이 총알받이로 세워놓은 조선 사람들이었던 겁니다. 그래서 차마 죽일 수가 없어서 사격을 중지하고 총을 버렸습니다.

그런데 뒤에서 일본군이 치고 들어오는 바람에 결국 최익현은 잡혀서 대마도로 끌려갔습니다. 이때 최익현은 "나는 적들의 이야기는 절대 듣지 않을 것이며, 적들의 음식도 먹지 않을 것이고, 적의 땅에서 나는 물도 마시지 않겠다"고 이야기했습니다. 그래서 결국 수분 부족으로 사망합니다. 사람이 물 없이 얼마나 버틸 수 있을까요? 물을 못 마신 채 이틀만 지나면 자기 소변을 받아 마신다고 합니다. 그런데 최익현은 물도 거부하고 보름이나 견딘 후 사망합니다. 정말 의지가 대단한 분입니다.

이렇게 해서 해산된 의병들은 만주로 넘어가 그곳에서 독립투쟁을 펼쳤습니다. 그러니 이 위정척사파를 시대의 흐름을 못 읽고 옛날 것만 주장하는 답답한 사람들로 여기는 것은 맞지 않습니다. 위정척사파야말로 다시 조명되고 알려져야 합니다.

이이의 경장론을 계승한 학문이 실학이고, 이 실학을 계승한 사람들이 개화파입니다. 즉 이이는 16세기의 현실주의, 실학은 18세기의 현실주의, 개화파는 19세기의 현실주의자들입니다. 이것이 현실주의의 계보라고 할 수 있습니다.

개화파는 '통상개국론'을 주장한 박규수로부터 시작했습니다. 방법이 없으니 문을 열고 외세와 교역을 하자고 주장했습니다. 박규수가 키운 후배들은 크게 두 개의 파로 나누어집니다. 다수인 파는 온건개화파입니다. 그리고 소수의 급진개화파가 있습니다. 이 소수를 변법개화파라고도 하고, 온건개화파는 개량개화파라 부르기도 합니다. 급진개화파의 대표가 김옥균이고, 온건개화파의 대표가 김홍집입니다.

갑신정변(1884)

갑신정변은 1884년 김옥균, 박영효, 서재필 등 급진개화파가 개화 사상을 바탕으로 일으킨 쿠데타이다. 이들은 조선에서 청나라 군대를 몰아내고 개화 정권을 수립하고자 했다. 정부의 느린 개혁 속도에 불만을 품은 급진개화파는 일본의 후원 약속을 받고 쿠데타를 통해 조선 사회를 한번에 서구의 근대 국가로 바꾸려 했다.

우정국 개국 축하연을 틈타 정변에 성공한 급진개화파는 고종의 승인하에 새 정부를 구성하고 혁신적인 개혁을 추진했다. 극단적 행동을 통해 '위로부터의 개혁'을 계획했던 급진개화파의 정변은 청나라의 개입으로 진압되면서 '3일 천하'로 끝나고 말았다.

갑신정변은 국민의 지지를 얻지 못한 채 소수 지도층 중심의 개혁은 성공하기 힘들다는 교훈과 함께 일본의 후원에만 의지하여 치밀한 계획 없이 진행했던 점에서 한계를 드러냈다.

급진개화파가 일으킨 사건이 1884년의 '갑신정변'입니다. 쿠데타를 일으킨 건데 3일 천하로 끝이 났죠. 일본의 도움을 받기로 했는데 일본이 도망가버리자 같이 도망갔습니다. 이후 김옥균은 일본에 가서 고문 역할을 했습니다. 빨리 조선을 압박해서 눌러놓으면 자기가 조선을 새롭게 만들겠다는 겁니다. 김옥균은 홍종우라는 독립운동가에 의해 살해당합니다.

갑신정변이 있고 10년 후인 1894년에 온건개화파가 중심이 되어 '갑오개혁'을 합니다. 정확하게는 갑오년(1894) 가을부터 을미년(1895) 봄까지 개혁을 단행합니다. 그러니 '갑을개혁'이라고 하는 것이 맞습니다. 이때부터 태양력도 쓰는 등 여러 가지 변화가 있었는데, 가장 충격적인 것은 단발령이었습니다. 단발령이 내려지자 몇백 년 동안 유학을 배워왔던 백성들이 '신체발부수지부모', 즉 '신체는 모두 부모에게서 받은 것이다'라고 외치며 반발했습니다. 화가 난 백성들이 궁궐에 돌을 던지자 김홍집을 제외한 내각 대신들이 모두 도망갔습니다. 김홍집은 총리대신, 지금으로 치면 국무총리였는데 그가 혼자 궁궐 문을 열고 나왔습니다. 김홍집은 그래도 개화에 신념이 있는 사람입니다. 하소연을 하며 백성들을 설득한 겁니다. 자신도 자르고 싶어서 그러는 게 아니라, 이렇게 조금씩 변하지 않으면 결국 나라가 외세의 속국이 되고 말 테니 같이 변하자고 하는 겁니다. 그런데 백성들이 김홍집이 누구인지 알 리가 없죠. 지금처럼 텔레비전이 있어서 뉴스에서 보는 시대도 아니었으니까요. 그러니 무작정 김홍집에게 돌을 던지는 바람에 결국 김홍집은 돌에 맞아 죽었습니다.

저는 김홍집과 최익현이 서로 통했을 거라고 생각합니다. 생각은 달랐지만, 결론적으로 과연 무엇이 민족을 위한 것인가를 진심으로 고민했던 사람들입니다. 목숨 걸고 고민한 겁니다. 그러니 두 인물은 아마 천국에서 친구 사이로 지낼 것 같습니다. 김옥균은 그 자리에 끼기가 힘들겠죠?

급진개화파가 일본의 메이지 유신을 따라 했다면, 온건개화파는 청나라의 양무운동을 따라 했습니다. 이 가운데 우리가 조금 더 의미 있게 봐야 하는 것은 온건개화파입니다. 이들은 '동도서기론東道西器論'을 주장했습니다. 동양의 정신을 서양의 그릇에 담자는 이야기입니다. 우편, 철도 등 서양의 문물을 받아들이되 대신 성리학을 공부하자는 겁니다. 일종의 절충형 사고방식이죠.

개항기의 사상 중 위정척사파의 '위정'도 성리학이었습니다. 결국 '위정'과 '동도'는 통하는 겁니다. 동학은 민족 고유의 경천사상을 주장했습니다. 동학은 전통에 주목한 학문이고, 위정척사파와 개화파는 둘 다 성리학에서 분파된 것이라고 볼 수 있습니다.

마지막으로 개항기의 민족 종교에 대해 살펴보겠습니다. 대표적인 것이 증산교와 원불교입니다. 동학에서 변한 천도교도 있고 나철의 대종교도 있습니다만, 증산교와 원불교가 가장 세력이 크고 현재까지도 우리나라의 5대 종교에 포함되어 있습니다. 1대 종교는 서로 자기들이 많다고 하는데 기독교와 불교가 엎치락뒤치락하고, 3대 종교는 천주교입니다. 그리고 유교가 있지만 유교를 종교로 보지 않는다면, 원불교가 4위, 증산교가 5위 정도가 됩니다. 상당히 큰 세력이죠.

증산교는 기본적으로 동학의 영향을 받았습니다. 동학에 유학의 특색이 많아서 종교적인 특색을 더 강화해야겠다는 생각에서 나온 것입니다. 그래서 한울님을 강화시키자고 합니다. 증산교는 강일순이라는 사람이 만들었는데, 실제로 본인이 예수와 비슷하게 행동했습니다. 기독교에 하느님이 있고 예수가 있는 것처럼, 증산교에는 강일순이 있는 겁니다. 증산교는 단군신앙에 무속, 도가적인 특색을 합친 성향을 가집니다. 동학보다 더 종교적인 성향이 짙습니다.

증산교에서는 '해원상생解寃相生'을 주장합니다. '원'은 원한을 말하는 것으로, 해원상생은 원한을 풀고 상생하자는 뜻입니다. 현재 증산교 신자 중에는 교수 등을 비롯해서 지식인들이 꽤 많습니다. 민족적인 학문을 하는 분들에게는 증산교가 조금 더 세련되게 느껴지는 것 같습니다. 무속신앙을 조금 더 세련되게 만든 것이라고 생각하면 됩니다. 증산교 신자들은 무아의 경지에 들어가기 위해 노력한다고 합니다. 일종의 참선 수행을 하는 건데, 그로 인해서 무아의 경지에 들어가면 모든 사람이 펑펑 울음을 터뜨린답니다. 그리고 깨어나면 정말 평화로움, 행복함을 느낀답니다. 이게 바로 원한을 푸는 과정입니다.

개항기와 일제 강점기에 불교계의 대표적 인물은 만해 한용운입니다. 민족 대표 33인에 불교 대표로 참여하기도 했죠. 그리고 또 한 사람을 언급한다면 원불교를 창시한 박중빈을 꼽을 수 있습니다. 원불교는 불교에 기반을 둔 한국식 불교라고 할 수 있습니다. 원불교의 궁극 진리는 '일원상一圓相'입니다. 이 하나의 원에 우주의 진리가 담겨 있다고 이야기합니다.

원불교는 '영육쌍전靈肉雙全'을 주장합니다. 영혼과 육체를 같이 수련하자는 겁니다. 영혼만 수련해서도 안 되고 육체만 수련해서도 안 된다고 합니다. 또한 '이사병행理事竝行'을 주장합니다. '이', 즉 이치를 깨닫자고 하면서 이치에 대한 공부를 중시합니다. '사'는 일, 즉 실천을 많이 하자는 겁니다. 결국 공부와 실천을 병행하자는 뜻입니다. 종교로서 현실적인 사회 참여, 실천도 중요하다고 강조합니다.

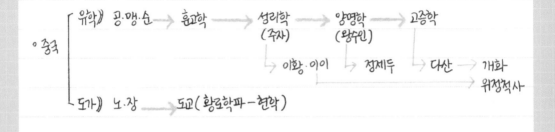

✳ 동양·한국윤리사상

○ 중국

유학》 공·맹·순 → 유교학 → 성리학 → 양명학 → 고증학
(주자)　　(왕수인)

→ 이황·이이 → 정제두 → 다산 → 개화
→ 위정척사

도가》 노·장 → 도교 (황로학파 - 현학)

○ 인도 - 불》 석가모니 → (소승)불교
즉 성인

→ 대승불교 (용수) ┬ 교종
│　　　　└ 선종 → 조계종
원효　　(혜능)　(지눌)

✳ 중국철학　춘추전국 시대 (주나라 말기) : 정치적 혼란기

○ 유학과 도가의 비교

• 유학	• 도가
공자, 맹자, 순자	노자, 장자
제도·규범이 너무 모자라!	인위적 제도·규범 너무 많아!
禮 YES! ⇒ 극기복례	禮 NO! ⇒ 무위자연
국가, 정치, 군주 YES	국가, 정치, 군주 NO
↳ 대동사회 : 주나라좋아	↳ 소국과민 : 주나라싫어
Back to the 주례)	Let it be ~
공식사상으로 발전	비공식적 종교·예술이 됨
→ 지배층의 논리, 지지	→ 피지배층의 논리, 지지
"덕치" 강조 → 복지사회적	"무(無)치" 강조 → 무정부주의

두 번째 강의

✱ 유학

A. 공자

(∵ 공구) 「논어」, 「예기」 → '대학'. '중용'

┌ 사회혼란의 원인 : 내면의 선천적 도덕성 "인(仁)"의 상실
└ 해결책 : 仁 의 회복 ← 禮(예)를 실천함으로써!

・仁 (인) ┬ 인간다움 / 사랑 ┬ 효 제 충 신 ⇒ 恕 (如 + 心)
　　　　　　　　　　　　　　　　도 우애 : 정성 신뢰
　　　　　　　　　　　　　　　　가족 : 忠 = 中 + 心 └→ 이해・배려・관용
　　　　　　　　　　　　　　├ → '추기급인 (推己及人)'
　　　　　　　　　　　　　　├ 동등 → 보편적
　　　　　　　　　　　　　　├ 조건적 사랑 (유원자, 능호인 능오인)
　　　　　　　　　　　　　　└ 차별적・점진적・순차적 사랑
　　　　　　　└ 내면의 선천적 도덕성

・禮(예) ― 외면적 사회규범 (예의) ⤳ 극기복례 ⤳ 군자

✱ 공자의 정치사상

① 정명(正名) : 군군신신부부자자 (君君臣臣父父子子)

② 덕치 : 예의와 도덕
　　　　〈조건〉 ┤ 수기안인 (修己安人)
　　　　　　　　　　분배의 형평성

③ 대동사회 (大同) : 주나라주의. 복지사회적

공자의 仁

└ 仁 (인) : 인간다움, 사랑

효	제	충	신
효도	우애	정성	신뢰

恕 (추기급인) < 이해·관용 / 공정성

i) 사랑 : 조건적 사랑, 분별적 사랑

유인자 능호인 능오인 (唯仁者, 能好人 能惡人)

ii) 孝(효), 悌(제) : 仁(인)의 출발점 … 가족적·혈연적 사랑

cf. 맹자(공자의 제자) : 친친친 장기장

└ 사랑은 '나'의 주위로부터 시작 넓게 퍼짐 : 점진적 사랑

iii) 추기급인 ('나'를 미루어 남에게 미친다)

iv) 보편적·호혜적 사랑

기소불욕 물시어인 (己所不慾, 勿施於人)

: 내가 좋아하는 것을 남에게 베풀고

내가 하기 싫은 것을 남에게 미루지 않는다

B. 맹자

「맹자」, 삼천지교, 단기지교

① 인성론 : 성선설 (性善說) ← 4단설 ⇒ 양지양능설

마음 = 본성

<table>
<tr><td></td><td>4단</td><td>4덕</td></tr>
<tr><td></td><td>측은지심</td><td>인(仁) : 불인인지심 (不忍人之心)</td></tr>
<tr><td></td><td>수오지심</td><td>의(義)</td></tr>
<tr><td></td><td>사양지심</td><td>예(禮)</td></tr>
<tr><td></td><td>시비지심</td><td>지(知)</td></tr>
</table>

② [사회혼란의 원인 : 인의예지 상실 (특히 仁 과 義 의 상실)
　　해결책 : 집의 (集義)　　　　　　　　↳ 정의(옳음). 용기

⇒ 호연지기　⇒ 대장부
↳ (욕심·두려움의 유혹에도 굴하지 않는 습관화된 당당함. 용기
　　크고 굳세며 곧은 도덕적 기개

＊ 맹자의 정치사상

① 민본적 역성혁명론 ←'정명론'에 근거함.

② 왕도정치 : 예의와 도덕적 교화 강조. '덕치'와 유사
　(↔ 패도정치)

＊ 맹자의, '인간의 선천적 요소'

① 사단 : 측은·수오·사양·시비지심 ⟶ 성리학에 영향

② 양지 : 생각하지 않고도 아는 것 ⟶ 양명학에 영향

③ 양능 : 배우지 않고도 가능한 것

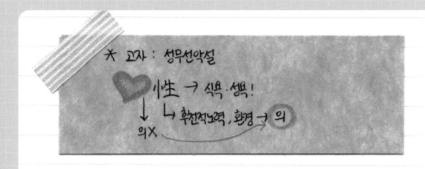

★ 고자 : 성무선악설

性 → 식욕·성욕!
↓ ↳ 후천적노력, 환경 → 의
의X

C. 순자
(: 순경)

① 성악설 (性惡說)   cf. 홉스 '만인의 만인에 대한 투쟁'

: 性 = 이기적본능, 욕망 → 악(惡)

⇒ 자연 天 (≒도가) : 하늘을 절대선, 인격天으로 여기는 유학의 전반적 천관과 다름.

② ┌ 사회혼란의 원인 : 성악 … 본성자체의 문제

│   이기적본능 (무한 욕망) > 유한재화, 재화분배기준의 미정립

└ 해결책 : 능력에 따른 재화의 정당한 분배기준 정립! → 예 ┌ 외면적 사회규범
│   │ 사회제도적 차원
본성억제 → 화성기위 (인위적 도덕으로 본성변화) ─────→ └ → 법가 : 한비자

∘ 禮(예) : 분배기준 (제도적) … 능력·자질에 따른 정당한 기준 ; 능력주의
외면적 사회 규범 … 공자의 '예' 보다 구속성 ↑
keyword : 규제, 질서, 교화, 통일

③ 화성기위 (化性起僞) ⇒ "예" : 교화가능성 인정.
    악

∘ 순자의 정치사상 - 예치주의 (禮 治) ⇒ 순자후학 : 법가 (한비자)

성악설 ─→ 법 (신상필벌)
(간지)
: 교화가능성 인정 X

네 번째 강의

✱ 유학의 인간관

天 (하늘) ┌ 인격천 → 도덕천 (착한하늘)
          └ '선'의 기준제시, moral sky

명

성 (하늘로부터 부여받음) : 선(善) ⇒ 성선설

地 (땅) : 동물적 본능 (욕망)

① 성선설 → 윤리적 본성
② 만물의 영장
③ 천의 기품
   ＋   ⟩→ 중간적 존재
   땅의 형상
④ 만물의 화육도모
   천·지 조화에 기여

✱ 공·맹·순의 禮(예)

a. 공자 : 외면적 사회규범
          └→ 윤리규범 (예의, 예절, 도덕)

b. 맹자 : 4덕 중의 하나 → 내면의 도덕성 (사양지심)

계승

c. 순자 : 외면적 사회규범
          └→ 사회제도적

＊ 제자백가's 정치사상

A. 공자 ⇒ 성리·양명학이 계승

① 정명론 (正名) ─────→ 대의명분론
  └ 이름 → 지위, 신분
                    eg. 군군신신부부자자 (君君臣臣父父子子) "~답게" 사상

② 덕치 : 예의와 도덕의 정치
  ↓   ┌ 수기이안인, 안백성 (修己以安人, 安百姓) : 군주의 도덕성
      └ 고른 분배 : 분배의 형평성

  "대동(大同) 사회"

B. 맹자

① 민본주의 ┌ 군주주권 → 시혜의 대상   VS   민주주의 : 국민주권 사상
          │ 여민동락 (與民同樂) '백성와 즐거움을 함께하다'
          └ "무항산 (無恒産) → 무항심 (無恒心)" ⇒ 이이 ─────→ 실학
               생업↗   도덕성↗   '사회경장론'

② ┌ 공자의 '정명론'에서
  │ if 君不君, → 역성혁명론 ┌ ≒ 17C 로크의 저항권 사상
  │ (군주가 군주답지 못하면)   └ 조선건국 (정도전)

③ 왕도정치 (≒ 덕치) ←─────→ 패도정치 : 강제력

C. 순자 : 예치주의   능력 - 분배기준

D. 노자 : 자연적 본성 / 무지·무욕 → 무위의 정치 → 소국과민

E. 한비자 : 법치주의   법(法) ─── 술(術) ─── 세   "허정무위"
                    강제력, 상·벌   속임수   카리스마
                    부국강병   공포주의

* 고자
(vs 맹자)

性 X 선악설 (性無善惡說)
→ [生(생)
식욕·성욕
→ 후천적 환경·선택·노력!

義 外설 eg. 고인 물, 나무—바구니
↕
맹자: 물은 위→ 아래로 흐른다, 나무 안에는 이미 바구니를 만들 수 있는 성질이 들어있다

* 한비자 ← 계승 부국강병, 신상필벌
(vs 순자)

성악설 (性惡說) ← 자연天 (연구·이용의 대상으로서의 天)
(간지)
사 혜
한
→ 선화(善化) X, 교화가능성 없음! → 상/벌 조종!

② 법 → 술 → 세
상·벌 속임수 공포정치, 카리스마

③ 진시황의 통치이념

* 묵자 피지배층주의 (vs 유학)

① 겸애 → 교리
: 차별없는 사랑 : 상호(모두)이익
⇓ ⇓
인류애 (예수) 공리주의적

② 비공론 : 반전 평화 → 묵공, 묵협
격

③ 공자 예악론 비판

절용론 : 사치 X, 생산↑ 소비↓
음
절장론 + 비악론
례

＊ 도가사상

A. 노자
(老子),「도덕경」

① ┌ 도 : 우주 만물의 근본원리

　　　　 eg) ┌ "도가도 비상도 (道可道 非常道)" : 언어로 표현 불가
　　　　　　└ "도법자연"

　└ 덕 : 인간의 선천적 자연적 본성, 자연성

② ┌ 사회혼란의 원인 : 인간의 감각적 편견 ＋ 인위적 제도·규범 (문명. 국가자체)
　└ 해결책 : " 감각) 적이지 말라 ! " ⇒ 무위자연 (無爲自然)
　　　　　　　 인위
　　　　　　　　　　　　　　　　　　　↓
　　　　　　　　　　　　　 상선약수
　　　　　　　　　　　　 (上善若水) 최고의 선은 `물`과 같다.

　　　　　　　　　　　　　 수(水) ┌ 겸허 → 물은 낮은곳으로 흐르고 고임
　　　　　　　　　　　　　　　　　├ 부쟁 → 물은 다투지 않음
　　　　　　　　　　　　　　　　　├ 청정과욕 → 물은 깨끗하고 욕심이 없음
　　　　　　" 어린아이 " ←─────├ 리만물 → 물은 만물을 이롭게 함.
　　　　　　　　　　　　　　　　　└ 정화·유약

③ 3보 : 자비. 검소. 겸손

무지·무욕 ───→ '무(위지) 치' (無治) ⇒ 소국과민 (小 國 寡民)
└ 자연적본성(덕)　　　　　　　　　　　　　 : 작은 정부. 작은 국민

B. 장자

「장자」 … 동물우화, 탈속한 인간의 정신적 자유추구

① 우화 ┌ : "호접지몽"
         └ "정저지와" : 우물안 개구리

② ┌ 사회혼란의 원인 : 이기적 편견 → 구분 → 차별!
  │   선악·미추·자타·시비
  └ 해결책 : "분별적이지 말라!"

제물(齊物) , 물아일체(物我一體) ┐ 만물의 절대평등론
<u>─────────────────────────────</u> │   +
소요유(정신적자유), 무아(無我), 허심(虛心) ┘ 절대 자유론

세상을 절대시하지 않음. 세상은 상대적일 뿐! 을 인식.

• 제물 : 모든 사건이나 사물을 차별하지 않는 정신적 자유의 경지
• 물아일체 : 자연과 내가 하나가 되는 이상적 경지

③ 수양방법

┌ 좌망(坐忘) : 조용히 앉아서 우리를 구속하는 일체의 것들을 잊어버림
├ 심재(心齋) : 마음을 비워서 깨끗이 함, 기준 없애기
├ 허심, 순성, 순물자연
└ 소요자재 : 외물에 집착하지 않음

④ 지인, 진인, 신인, 천인, 성인

＊ '도' 와 '덕'

- 유학) ┌ 도(道) : 윤리법칙 ＝ 예(禮)
  └ 덕(德) : 윤리적 본성, 윤리성

- 도가) ┌ 도(道) ┌ 노자 : 형언할수없음, 자연성
  │   └ 장자 : 편재성 (보편적으로 존재함)
  └ 덕(德) : 자연적 본성, 자연성

＊ 불교

고타마 싯다르타 →　석가모니 : '부처' (← Budda : 깨달은자)
　　　　　　　　　　　　즉 ' 성인

A. 세계관 : '인연생기' (연기설. 인연설) ← 윤회설
　　　　　　원인 조건　↳ '말미암아 일어나다'
　　　　　　　　　　　　→ 상호 연관성 이론, 인과관계론 (↔ 실체론)
　　　　　　　　　　　　eg. 윤회, 인타라망, 나비효과, 생태학적 관점 (ecology)

　　　⇒ 自他不二 (자타불이) → 자비정신 : 방생 (생명존중)

B. 인생론 : 4성제설
　　　　　　↳ 4가지 성스러운 진리 … 인생론적

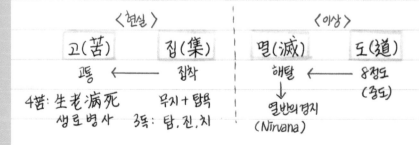

〈현실〉		〈이상〉	
고(苦)	집(集)	멸(滅)	도(道)
고통 ←──	집착	해탈 ←──	8정도
		↓	(중도)
4苦: 生老病死	무지＋탐욕	열반의 경지	
생로병사	3독: 탐.진.치	(Nirvana)	

- 인생의 순서) 집 → 고 → 도 → 멸

C. 3 법인설

┌ 제행무상   諸   行   ┌ 無   常 ┐   … 세상은 끊임없이 변함
│   every   현상   │ not   항상성 │
├ 제법무아   諸   法   │ 無   我 │   … 고정된 실체가 없음
│   every   존재   │ not   본질 │
│   └─────┬─────┘
│   ▼
│   空(공)   … 허무주의 X / 중도주의
│   집착하지 말것! 의 의미.
│
├ 일체개고   一   切   皆   苦   … 고성제
└ 열반적정   涅   槃   寂   靜   … 멸성제

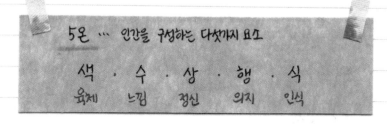

5온 … 인간을 구성하는 다섯가지 요소

색   ·   수   ·   상   ·   행   ·   식
육체   느낌   정신   의지   인식

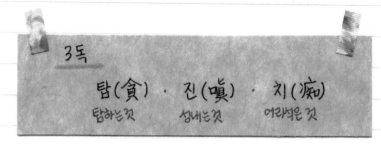

3독

탐(貪)   ·   진(嗔)   ·   치(痴)
탐하는것   성내는것   어리석은 것

✱ 유학의 전개

하 ─ 은 ─ 주 ─ 춘추전국 ─ 진(BC221 : 시황제가 통일) ─ 전한 … 후한

─ 삼국시대 (위·촉·오) ─ 위진남북조 ─ 수 (통일 : 589년) ─ 당 ─ 송

─ 원 ─ 명(1368) ─ 청

주	춘추전국시대	진 (BC 221년)

· 봉건제
(혈연중심)
↓
· 종법제
(가족중심)

· 효→ 경 → 충

Ⅰ. 선진유학 (원시유학)

　공 : 仁 ← 예

　맹 : 4덕
　순 : 예

· 제자백가의 시대

분서갱유 → 유학 쇠퇴

진시황제 '법가' 수용 (법·형벌 주의)

· 한비자 : 상·벌 중심, 법·술 강조, 전제왕권

> **순자 VS 한비자**
> 순자는 '예'를 통한 인간본성의 변화가능성을 인정하지만,
> 법가(한비자)는 인간은 '절대 선해질 수 없다'고 봄.

한	위진남북조

Ⅱ. 훈고학, 경학 … 경서수집·복원, 해설에 치중

유학의 국교화

경학 : 경서복원 ─ 벽파 VS 수파

훈고학 : 경서 주석달기 ─ 한~당 유학

· 한(漢)대 도가의 전개

┌ 〈전한〉 : 황로학파

│　　ー 청정무위 / 유·묵·명·법가 등의 사상흡수

└ 〈후한〉 : 오두미교

　　　ー 신선사상, 불로장생, 탈속적, 개인의 생명·자유추구

현실도피 풍조, 개인주의
　↳ 현실지향적인 유학·법가 쇠퇴

· 도교의 발전 ┌ 무위자연 (탈속·현실도피적)
　　　　　　 └ 도가 + 민간신앙 ⇒ 도교

· 현학 : 세속X, 無의 세계, 초월·사변
　　　　죽림칠현, 청담(淸談) 사상

> **도교윤리 전개의 특징**
> '한'대 부터 접차 신비주의·사변철학으로 변형
> 현실 방관적 태도. 세속적 윤리의 실천보다
> 개인의 생명보존·정신의 자유 중시.

수(589년) —— 당

· 유학의 재등장 / 도교 발전

· 불교 ┌ 현장법사 (= 삼장법사) - 인도에서 공부하다가 경전을 가지고 돌아옴
         │   → 교종 - 이론적 · 교리중심적
         └ 혜능 - '선종'의 완성자 (선종 6대조 : 글 읽을줄 모름 but 마음으로 깨우침)
                   → 선종 - 실천적 (돈오 : 갑자기 깨달음)

송 · 원

Ⅲ. 신유학

도학자의 성즉리설 + 맹자의 성선설 ⇒ 성리학 (주자)
유학의 중흥노력 → 주자의 종합

· 유학의 철학적 체계화 (우주론 : 이기론)

· "존천리거인욕" (存天理 去人慾)

* 성리학

① 우주론 (이기론) ┌ 理 (리) : 원리, 법칙
  └ 우주의 구성원리탐구 └ 氣 (기) : 현상, 재료

② 인성론 (성즉리설) ┌ 본성 (리) : 마음의 본체 - 미발심 - 4덕 - 순선무악
  └ 인간내면구조 · 본질탐구 └ 감정 (기) : 마음의 작용 - 기발심 - 7정 - 가선가악

③ 수양론 (거경궁리) : 격물치지 → 존양성찰 : 선지후행설
  └ 도덕적 실천원리 · 방법 탐구 └ 궁리   └ 거경
                        사물을 연구해서   본성을 보존하고
                        지식을 쌓자 (공부) 반성하자 (수양)

④ 경세론 : 덕치주의 ←┌ 수기안인
  └ 정치 · 사회경영원리 · 방법탐구 └ 고른 분배

┌─────────────────────────┐
│ ✱ 주자의 인격수양론   │
│ ① 두가지 노력 : 존양성찰 격물치지 │
│ ② 만물의 이치를 깨닫기 위한 지식 축적 │
│ ③ 先知後行 (선지후행)   │
│ ④ 이치 : 모든 것에 내재해 있음. │
│ ⑤ 앎 : 사물에 관한 객관적 지식. │
└─────────────────────────┘

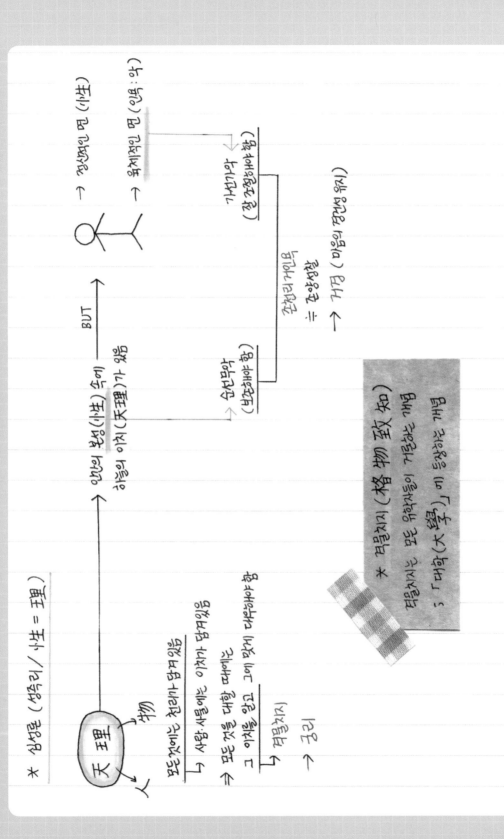

＊ 성리학 (성리의 / 性 + 理 = 天理)

```
    天
人 ─ 理 ─ 物
```

모든 것에는 천리나 담겨있음
└ 사람·사물에도 이치나 담겨있음
⇒ 모든 것을 대할 때
　그 이치를 알고 그에 맞게 대우해야 함
　└ 격물치지
→ 격물치지

인간의 본성(本性) 속에 ──BUT──→
하늘의 이치(天理)가 있음

→ 정신적인 면 (本主)

→ 육체적인 면 (인욕 : 악)

가선하나
(잘 조절해야 함)

순선무악
(보조해야 함)

중간에서 연결
≒ 조절성향
→ 거경 (마음의 경건성 유지)

＊ 격물치지 (格物致知)

격물치지는 모든 유학자들이 거론하는 개념
「대학(大學)」에 등장하는 개념

여덟 번째 강의

★ 왕양명의 인격수양론
① 치양지 (致良知)
② 실천! ↰
③ 지행합일 (知行合一)
④ 심즉리 (모든 사람에게 이치가 내재함)
⑤ 知 : 마음속 양지에 관한 것

 명

IV. 양명학

양명 왕수인 → 양명학 (心학) ⇒ 反 성리학

① 심성론 : 心 卽 理 說 (심즉리설)

心 = 理 ⇒ 天理 (도덕의 근본원리)

└→ 성(性)과 정(情)을 포함한 마음자체(心)가 곧 하늘의 이치

→ 마음의 바깥에는 어떤 이치나 사물도 없음

심외무리(心 外 無 理), 심외무물(心 外 無 物)

心 天
理 → 양지 (선천적 참된 앎)

② 수양론 : 致 良 知 說 (치양지설)

└→ 양지 : 선천적으로 타고난 참된 앎 (맹자)

正 격물치양지 : 양지를 상황·행위마다 적용시켜 바로잡자. ⇒ 지행합일설
4 3 2 1

┌→ 인식으로서의 知
앎 은 행함의 시작   ┐
행함 은 앎의 완성   ├ 知 行 合 一 說
└→ 실천으로서의 行   ┘ (지행합일설)

 청

V. 실학

· 현실적, 실용적, 과학적

실사구시 (實 事 求 是) : 사실→진리탐구 → 고증학 (금석학) ⇒ 실학

성리학 VS 양명학

* 공통점

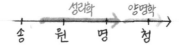

송   원   명   청

- 新 유학 : 철학적 체계화 (형이상학적)
- 성리학의 '4단', 양명학의 '양지' : 맹자의 성선설 계승

  (맹자 : 4단 → 양지·양능 → 성선)

- 존천리거인욕 : 인간의 욕망·욕구 존재는 인정, 작용은 NO !
- 「대학」 '격물치지' 해석논쟁 → 성리학·양명학 모두 쓰는개념

* 차이점

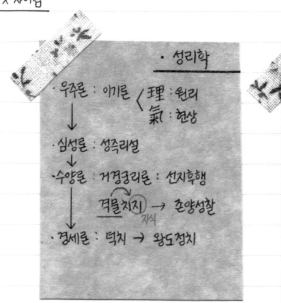

· 성리학

· 우주론 : 이기론 〈 理 : 원리
　　　　　　　　　　 氣 : 현상
　　　　　↓
· 심성론 : 성즉리설
　　　　　↓
· 수양론 : 거경궁리론 : 선지후행
　　　　　↓
　　　　격물치지 → 존양성찰
　　　　　　지식
· 경세론 : 덕치 → 왕도정치

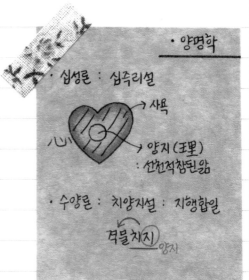

· 양명학

· 심성론 : 심즉리설

心 〈하트 그림〉 → 사욕
　　　　　　　　 → 양지 (理)
　　　　　　　　 : 선천적 참된 앎

· 수양론 : 치양지설 : 지행합일
　　　　　격물치지
　　　　　　　양지

아홉 번째 강의

* 禮(예) : 공자 ⟶ 순자 ----→ 한비자의 '법'
　　　　　　"윤리규범"　　　"사회제도"

　　↕
反예 ┌ 노자 : 무위자연
　　　│　　　　→ 反예
　　　└ 묵자 : 절용론 - 사치 X, 생산↑, 소비↓
　　　　　→ 절장. 비악
　　　　　　　　례┘
　　　　　　　└ 공자의 '예악론'에 반대! 反예.

* 공자의 '덕치' ⇒ 성리학. 양명학이 덕치 계승.
　　┌ 수기이안인
　　└ 고른 분배

묵자) ┌ 겸애 (VS 仁 인 : 공자)
　　　│　↓　　　　　　↓
　　　└ 교리 = (義)　맹자's 義 ┌ 견利 사義
　　　　상호이익　　　　　　　　 ─義→ (利)
　　　　　　　　　　　　　　　　└ 의주리종

° ┌ 성리 : 지식 ±→ 수양 ⇒ (물物 심心
　│　　　　　　　　　　　　　리理)
　│
　└ 양명 : 수양　　　⇒ 심내리. 심외무리 (心內理 心外無理)

* 불교의 전개

부처입멸 후 ┌ (소승불교) : 개인불교. 개인의 해탈 (: 아라한). 엄격한 종교계율 중시.
　　　　　　　　　　　　　출가주의. 동남아 (남방불교)
　　　　　　└ (대승불교) : 사회(대중)불교. 재가주의. 동북아

　　　　　　　　　　　　개인의 해탈 ⊕ 중생구제 (: 보살)

　　　　　　　　　　　　6 바라밀 → 무주상보시

　　　　　　　　　　　　" 상구보리 하화중생 "

　　　　　　　　　　　　　· 2-3C 용수 「중론」 : 空. 中道

(중국) ┌ 천태종　(교종) : 경전연구 → 지식 쌓기
　　　　└ 화엄종

　　　　　　└→ 선종 : 참선수행 → 순간적 깨달음 (돈오)
　　　　　　(7C. 혜능)　　　　" 인간은 이미 부처 "

　　　　　　　　　　┌ 불립문자　) 교종 X
　　　　　　　　　　│ 교외별전
　　　　　　　　　　│ 직지인심
　　　　　　　　　　│ 견성성불　) 선종 O
　　　　　　　　　　└ 이심전심

✳ 도가의 전개

춘추전국   :   노자. 장자

    ↓

진

    ↓

한   :   황로학파   ⎡ 황제·노자 숭상

                       ⎣ '청정무위' / 유·묵·명·법가 등의 사상 흡수

             오두미교   ⎡ 장도릉(도사) → 신선사상

                       ⎣ 교단화. 선행(善行). 인과응보

위진남북조   :   현학   ⎡ 청담(淸談) … 현실이야기는 입을 더럽힘

                       ⎢ 죽림칠현

                       ⎣ 초월적. 사변적. 예술적

✻ 성리학의 기본개념

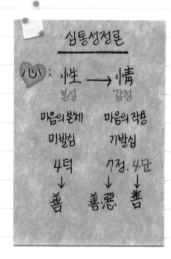

심통성정론

心 : 性 → 情
본성 감정
마음의본체 마음의작용
미발심 기발심
4덕 7정. 4단
善 善惡 善

리일분수설

天 理

리 리 리 성즉리설

리(理) → 공통
기(氣) → 차이 ⊕

리·기의 관계

(불상리 (不相離)
떨어지다
불상잡 (不相雜)
섞이다

✻ 조선성리학

A. 퇴계 이황 　理 강조 , 분리관계 '불상잡'(不相雜)

① 리·기의 정의 : 　이귀기천 (理貴氣賤)
→ 이기 수직적 관계, 상하개념 중 상(上)은 리(理)
= 이장기졸 (理 : 장수. 氣 : 졸병) ⇒ 리존설

② 리·기의 작용 : 　이기호발설 (理氣互發說)

[리 발기수지 (理發氣隨之) ──→ 4단 : 선
본연지성

[기 발리승지 (氣發理乘之) ──→ 7정 : 선·악
기질지성

✻ 性 : 본성, 본연지성
理 : 4덕 ↔ 선천적·개념적본성
→
→ 막고있어
기질지성
→ 기질에 둘러싸인 본연지성

敬 (경)

: 정신의 집중, 성찰, 엄숙

→ 주일무적, 정제엄숙, 상성성

- 「성학십도」, 정통성리학(주자학) 계승, 일본성리학에 영향

  도산서원, 영남학파 → 위정척사파

- '거경과 궁리는 새의 두 날개와 같다'

B. 율곡이이   理 + 氣 강조, 포함관계 불상리 (不相離)

① 리·기의 정의 : 이통기국 (理通氣局)

              보편   특수

        → 리기 수평적 관계, 리 + 기의 결합·조화

        = 이기지묘 (理氣之妙)

② 리·기의 작용 : 기발이승일도설 (氣發理乘一途說)   "7정 포 4단"

        ⑦발(이승지) ──────→ 7정 ┌ 선 : 4단
                                    └ 악

誠 (성)

: 정성을 다함, 참됨, 진실됨

- 「성학집요」, 「격몽요결」

  자운서원, 기호학파

- 이황 ⎡ 리(理): 무형 유위
  ⎣ 기(気): 유형 유위

  리 ⟶ 도심
  기 ⟶ 인심

- 이이 ⎡ 리(理): 무형 무위
  ⎣ 기(気): 유형 유위

  도심 ⟲ 인심

✳ 이이 : 7정 ⎡ 선(리): 4단 → 7정포4단
  ⎣ 악(기)

  기질지성 ⎡ 선: 본연지성
  ⎣ 악

✳ "이(理)의 원리보다 가(気)의 작용성을 중시했다" WRONG

⎡ 이황: 주리론 → 理 → 리존설
⎣ 이이: 주귀론 → 理+気

✳ 한국불교

A. 원효 (7c)

「대승기신론소」, 「금강삼매경론」, 「열반종요」

① "一切唯心造" (일체유심조) ⇒ "一心" 사상
  '모든 것은 오직 마음이 만든다'　　　↳ 불심 / 하나의 마음

  : 각 종파의 이론을 인정. 더 높은 차원에서의 통합 가능! → 조화정신 & 통불교 전통

② 교종간의 갈등 심화 (중관 VS 유식)

→ 一即多 多即一 (일즉다 다즉일)

⇒ 화쟁(和諍) ≒ 원융회통 … 「십문화쟁론」

③ 불교의 보편화·대중화 에 기여

: 극락 정토신앙 보급 (선행 + 주문 '나무아미타불 …' → 해탈)

B. 고려 통불교   ← 원효 '화쟁' 계승

① 의천 : 천태종

- 교종 중심의 통합 → (교종) + 선종

  [교관겸수 (= 교선겸수)

  [내외겸전

  선종 교종

- 문벌귀족의 후원 → 문벌귀족의 타락·부패 → 천태종 혼란상·타락

② 지눌 : 조계종

- 선종 중심의 통합 → (선종) + 교종

- 신앙결사운동 (불교개혁, 수선사)

  [돈오점수 (頓悟 漸修)

    ↳ 순간적 깨달음 (선종)

  [정혜쌍수 (定慧 雙修)

    ↳ 선정 (禪定) + 지혜 (智慧)

- " 선시불심 교시불어 " : " 선은 부처의 마음이요 교는 부처의 말씀이라"

* 조선후기 (17~18C)

⟶ 실학

○ '실사구시 (實事求是)' 학풍
사실에 근거한 진리찾기.

⟶ 현실적, 실용적, 객관적

① 이이의 사회경장론 ⟶ 실학 ⟶ 개화
(기호학파) (중농 → 중상) (박규수)
: 박지원

② 사회개혁론

┌ 중농 : 농업(토지) 개혁 ⟶ 경세치용
│ ↳수양론 ↳실용성
│ 기호남인 (이익)
│
└ 중상 : 상공업 진흥 ⟶ (정덕) 이용 후생 ↖
↳인격완성 ↓ ↳사회복지
집권노론 소장파 (박지원) 경제성장

맹자 : "무항산 무항심"

* 실학의 인간관 (다산 정약용)

① 우주 기 (氣)

인간 : 혈기 (생명성)적 존재

자연으로부터의 독립 !

② 무망 경정 → 현실적 존재

③ 책임 → 자율적 존재

③ 다산 정약용

ㄴ 「여유당전서」 / 1표 2서 : 「경세유표」, 「목민심서」, 「흠흠신서」

° 중농 + 중상 ──────→ 실학집대성

ㄴ 여전론 → 정전법 井

(집단경작) (공동경작 땅에서 세금내기)

° 인성론 : 성(性) = 영지기호설 ⇒ 성선설

ㄴ 취향. 성향. taste

ㄴ 선을 좋아하고 악을 싫어하는 기호

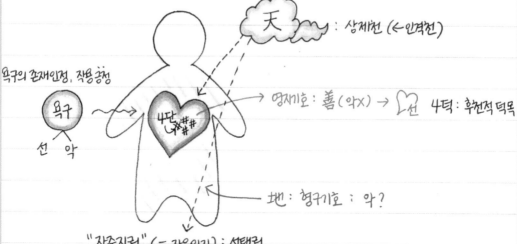

天 : 상제천 (←인격천)

욕구의 존재인정. 작용 용청

욕구
선 악

명지기호 : 善(악X) → 선 4덕 : 후천적 덕목

地(形): 형구기호 : 악?

"자주지권" (= 자유의지) : 선택권

⇒ 자율성, 책임 !!!

맹자
4端(단)
단 緖 (실마리 '서') : 주자 - 열매
단 始 (시작 '시') : 정약용 - 씨앗

✳ 19C 개항기 유학사상
↳ 서세동점기

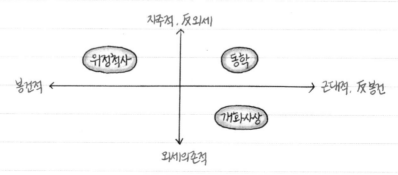

A. 위정척사

성리학적 질서 ↓   ↓ 서양문물 ⟶ "올바른것 지키고 사악한것 배척"

① 이황의 '리존설' (영남학파) ⟶ 척사 (영남만인소)

② 이항로, 기정진 : 척화주전론, 왜양일체론
↓
최익현 : 항일 의병운동 (---→ 만주독립운동)

• 흥선대원군의 대외정책 (통상수교거부) 의 사상적 기반 … 척화비.

B. 동도서기론 ⟵ 온건개화파 (개량개화파)

✳ 동학 (VS 서학 : 천주교)

→ 민족정체성

① 전통적 경천사상 + 유·불·도 ⟹ 조화정신

② ┌ 侍天主 (시천주) : 한울님 > 하늘님 > 하느님 (≠ 하나님)
  │ 事人如天 (사인여천) → 人乃天 (인내천) : 인간존중
  └ 吾心 卽 汝心 (오심즉여심) : 인간평등 → 사해평등주의 ↰

③ 反봉건 : 근대적 , 反외세 : 자주적

> 묵자 ─ 겸애설
> Stoa ─ 세계시민주의
> 기독교의 박애사상
> 김구 ─ 사해동포론

B. 동도서기론 ←——————— 온건개화파 (개량개화파)

東 道 西 器   : 갑오개혁 (⋯> 애국계몽운동)
 ↓ 정신   ↓ 그릇 (기술)
 : 성리학   : 우편, 철도, 의복 ...

C. 개화사상

① 이이의 사회 경장론 → 실학 → 개화

② 박규수의 통상개화론 ┌ · 변법개화 : 김옥균 → 갑신정변 (日 메이지 유신에서 영향)
                      └ · 개량개화 : 김홍집 → 갑오개혁, (淸 양무운동에서 영향)
                              동도서기론 바탕

D. 민족 종교

① 증산교

 · 단군신앙 + 무속 · 도가

  " 해원상생 "
      천

② 원불교

 · 일원상 : 궁극의 진리

 · 영육쌍전 / 이사병행 (이치의 사회적 실천)

대한민국 진짜 교양을 책임진다!
교과서를 기반으로 일반인의 교양지수를 높여줄 대국민 프로젝트

최고의 선생님이 뭉쳤다
〈휴먼 특강〉 프로젝트

HUMAN SPECIAL LECTURE

1. 사상 최초, 전무후무한 스타강사진

: 국내 최초로 스타강사, 일타강사를 과목별 저자군으로 선정,

그 어디에서도 볼 수 없었던 초호화 스타강사진 형성.

〈최진기·설민석·한유민·이현·이지영·김성묵·박대훈·이은직 등〉

2. 쉽고, 재미있게! 국민교양서

: 교과서를 기반으로 일반인의 교양지수를 높여줄 대국민 프로젝트.

인생을 살아가는 데 꼭 필요한 필수 교양을 마스터하는 대중 지식의 향연.

3. 검증된 〈휴먼 특강〉 기획위원단

: 교과서 출제위원, 사교육계 자문위원, 현직 고등학교 선생님, 대학 교수진 등

콘텐츠의 자문과 기획 등 조언을 해주는 검증된 기획위원 도입.

4. 개론과 각론 등 계속해서 이어지는 〈휴먼 특강〉 시리즈

: 긴 호흡을 갖고 종횡으로 스타강사진의 전공과목 및 주제 등을 선정하여 단행본화.

〈인문학·경제학·철학·역사학 등〉

쉽고! 재미있게!
실생활에 당장 써먹을 수 있는
생생한 글로벌 경제 이야기!

왜, 우리는 글로벌 경제를 알아야 하는가?

우리는 어떻게, 강대국의 상황을 파악하고 이해해야 하는가?

우리는 무엇을 배우고 어디로 가야 하는가?

최진기의
글로벌
경제 특강

살아 있는, 삶에 유용한 경제 이야기

최진기 지음

MBC 〈무한도전〉이 선택한
최고의 한국사 선생님 설민석과 함께하는
대국민 '한국사 바로 알기' 프로젝트!

꼭 알아야 하는 우리의 역사!
꼭 지켜야 하는 우리의 문화!

왜, 우리는 한국사를 알아야 하는가?
스타강사 설민석이 명쾌하게 말하는 쉽고 재미있는 한국사!

최진기의 끝내주는 전쟁사 특강 (전 2권)

최진기 지음

가장 대중적인 인문학 강사 최진기가 전쟁을 통해 바라본 세계 역사의 변화

왜 우리는 전쟁을 알아야 할까?

전쟁 속 전략과 정보를 통해 치열한 삶에서 승자가 되어보자!

한유민의
그럴법한
생활법률
특강

한유민·조태욱 지음

스타강사와 변호사가 말하는
쉽고 재미있는
생활밀착형 법률 이야기!

법을 알면 세상이 제대로 보인다

민사/형사/비즈니스 3개의 장으로 구성된 일상 속 법률 이야기!

김성묵의 무토 동양 철학 특강

김성묵 지음

공자부터 정약용까지,
유학부터 동학까지
한 눈에 파악하는 동양 철학 길라잡이

15년차 스타강사와 함께하는
대국민 '공맹순' 바로 알기 프로젝트!

김성묵의 무도 동양 철학 특강

ⓒ 김성묵 2015

초판 인쇄 2015년 3월 25일
초판 발행 2015년 4월 2일

지은이 김성묵
펴낸이 강병선
편집인 황상욱

기획 황상욱 윤해승 **편집** 황상욱 윤해승
디자인 이보람 **마케팅** 방미연 이지현 함유지 윤해승
일러스트 홍원표
온라인 마케팅 김희숙 김상만 한수진 이천희
제작 강신은 김동욱 임현식 **제작처** 영신사

펴낸곳 (주)문학동네
출판등록 1993년 10월 22일 제406-2003-000045호
임프린트 휴먼큐브

주소 413-120 경기도 파주시 회동길 210 1층
문의전화 031-955-1902(편집) 031-955-2655(마케팅) 031-955-8855(팩스)
전자우편 forviya@munhak.com **트위터** @humancube44 **페이스북** fb.com/humancube44

ISBN 978-89-546-3536-3 03150

■ 휴먼큐브는 (주)문학동네 출판그룹의 임프린트입니다. 이 책의 판권은 지은이와 휴먼큐브에 있습니다.
■ 이 책 내용의 전부 또는 일부를 재사용하려면 반드시 양측의 서면동의를 받아야 합니다.

이 도서의 국립중앙도서관 출판예정도서목록(CIP)은 서지정보유통지원시스템 홈페이지(http://seoji.nl.go.kr)와
국가자료공동목록시스템(http://www.nl.go.kr/kolisnet)에서 이용하실 수 있습니다. (CIP제어번호 : CIP2015005976)

www.munhak.com